TRANZLATY

Language is for everyone

Dil herkes içindir

The Call of the Wild

Vahşetin Çağrısı

Jack London

English / Türkçe

Into the Primitive
İlkelliğe Doğru

Buck did not read the newspapers.
Buck gazete okumazdı.
Had he read the newspapers he would have known trouble was brewing.
Gazeteleri okusaydı başının dertte olduğunu anlardı.
There was trouble not alone for himself, but for every tidewater dog.
Sadece kendisi için değil, tüm su köpekleri için sorun vardı.
Every dog strong of muscle and with warm, long hair was going to be in trouble.
Kaslı ve sıcak, uzun tüylü her köpek başını belaya sokacaktı.
From Puget Bay to San Diego no dog could escape what was coming.
Puget Körfezi'nden San Diego'ya kadar hiçbir köpek yaklaşan felaketten kaçamadı.
Men, groping in the Arctic darkness, had found a yellow metal.
Arktik karanlığında el yordamıyla dolaşan adamlar sarı bir metal bulmuşlardı.
Steamship and transportation companies were chasing the discovery.
Vapur ve nakliye şirketleri bu keşfin peşindeydi.
Thousands of men were rushing into the Northland.
Binlerce adam Kuzey'e doğru akın ediyordu.
These men wanted dogs, and the dogs they wanted were heavy dogs.
Bu adamlar köpek istiyordu ve istedikleri köpekler ağır köpeklerdi.
Dogs with strong muscles by which to toil.
Çalışmak için güçlü kaslara sahip köpekler.
Dogs with furry coats to protect them from the frost.
Dondan korunmak için tüylü kürklere sahip köpekler.

Buck lived at a big house in the sun-kissed Santa Clara Valley.

Buck, güneşli Santa Clara Vadisi'ndeki büyük bir evde yaşıyordu.

Judge Miller's place, his house was called.

Yargıç Miller'ın yeri, evi deniyordu.

His house stood back from the road, half hidden among the trees.

Evi yoldan uzakta, ağaçların arasında yarı yarıya gizlenmişti.

One could get glimpses of the wide veranda running around the house.

Evin etrafını çevreleyen geniş verandayı görebiliyorduk.

The house was approached by graveled driveways.

Eve çakıllı araba yollarından ulaşılırdı.

The paths wound about through wide-spreading lawns.

Yollar geniş çimenliklerin arasından kıvrılarak geçiyordu.

Overhead were the interlacing boughs of tall poplars.

Üstümüzde uzun kavakların iç içe geçmiş dalları vardı.

At the rear of the house things were on even more spacious.

Evin arka tarafında her şey daha da genişti.

There were great stables, where a dozen grooms were chatting

Bir düzine seyisin sohbet ettiği büyük ahırlar vardı

There were rows of vine-clad servants' cottages

Asmalarla kaplı hizmetçi kulübelerinin sıraları vardı

And there was an endless and orderly array of outhouses

Ve sonsuz ve düzenli bir dizi tuvalet vardı

Long grape arbors, green pastures, orchards, and berry patches.

Uzun üzüm bağları, yemyeşil otlaklar, meyve bahçeleri ve dut tarlaları.

Then there was the pumping plant for the artesian well.

Daha sonra artezyen kuyusu için pompaj tesisi vardı.

And there was the big cement tank filled with water.

Ve orada suyla dolu büyük bir beton tank vardı.

Here Judge Miller's boys took their morning plunge.

Burada Yargıç Miller'ın çocukları sabah dalışlarını yaptılar.

And they cooled down there in the hot afternoon too.
Ve öğleden sonra sıcağında oralar da serinliyordu.
And over this great domain, Buck was the one who ruled all of it.
Ve bu büyük toprakların tamamına Buck hükmediyordu.
Buck was born on this land and lived here all his four years.
Buck bu topraklarda doğdu ve dört yılını burada yaşadı.
There were indeed other dogs, but they did not truly matter.
Başka köpekler de vardı ama onların pek önemi yoktu.
Other dogs were expected in a place as vast as this one.
Bu kadar geniş bir yerde başka köpeklerin de olması bekleniyordu.
These dogs came and went, or lived inside the busy kennels.
Bu köpekler gelip gittiler ya da kalabalık kulübelerin içinde yaşadılar.
Some dogs lived hidden in the house, like Toots and Ysabel did.
Toots ve Ysabel gibi bazı köpekler evde saklanarak yaşıyordu.
Toots was a Japanese pug, Ysabel a Mexican hairless dog.
Toots bir Japon pug cinsi, Ysabel ise tüysüz bir Meksika köpeğiydi.
These strange creatures rarely stepped outside the house.
Bu garip yaratıklar nadiren evin dışına çıkıyorlardı.
They did not touch the ground, nor sniff the open air outside.
Ne yere dokundular, ne de dışarıdaki açık havayı kokladılar.
There were also the fox terriers, at least twenty in number.
Ayrıca en az yirmi tane olan tilki terrier'ler de vardı.
These terriers barked fiercely at Toots and Ysabel indoors.
Bu terrierler içeride Toots ve Ysabel'a şiddetle havlıyorlardı.
Toots and Ysabel stayed behind windows, safe from harm.
Toots ve Ysabel tehlikeden uzak, pencerelerin arkasında kaldılar.
They were guarded by housemaids with brooms and mops.
Onları süpürge ve paspaslarla hizmetçiler koruyordu.
But Buck was no house-dog, and he was no kennel-dog either.

Ama Buck ne bir ev köpeğiydi ne de bir kulübe köpeği.

The entire property belonged to Buck as his rightful realm.

Tüm mülk Buck'ın yasal alanıydı.

Buck swam in the tank or went hunting with the Judge's sons.

Buck tankta yüzüyor ya da Hakim'in oğullarıyla ava çıkıyordu.

He walked with Mollie and Alice in the early or late hours.

Sabahın erken veya geç saatlerinde Mollie ve Alice ile yürüyüşe çıkıyordu.

On cold nights he lay before the library fire with the Judge.

Soğuk gecelerde Hakim'le birlikte kütüphane ateşinin başında yatardı.

Buck gave rides to the Judge's grandsons on his strong back.

Buck, Yargıç'ın torunlarını güçlü sırtında gezdiriyordu.

He rolled in the grass with the boys, guarding them closely.

Çocuklarla birlikte çimenlerin üzerinde yuvarlanıyor, onları sıkı sıkıya koruyordu.

They ventured to the fountain and even past the berry fields.

Çeşmeye doğru ilerlediler, hatta meyve bahçelerinin yanından bile geçtiler.

Among the fox terriers, Buck walked with royal pride always.

Fox terrier'ler arasında Buck her zaman asil bir gururla yürürdü.

He ignored Toots and Ysabel, treating them like they were air.

Toots ve Ysabel'i görmezden geldi, onlara hava gibi davrandı.

Buck ruled over all living creatures on Judge Miller's land.

Buck, Yargıç Miller'ın topraklarındaki tüm canlılara hükmediyordu.

He ruled over animals, insects, birds, and even humans.

Hayvanlara, böceklere, kuşlara ve hatta insanlara hükmediyordu.

Buck's father Elmo had been a huge and loyal St. Bernard.

Buck'ın babası Elmo çok büyük ve sadık bir St. Bernard'dı.

Elmo never left the Judge's side, and served him faithfully.

Elmo, Hakim'in yanından hiç ayrılmadı ve ona sadakatle hizmet etti.

Buck seemed ready to follow his father's noble example.

Buck babasının asil örneğini izlemeye hazır görünüyordu.

Buck was not quite as large, weighing one hundred and forty pounds.

Buck o kadar büyük değildi, 140 kilo ağırlığındaydı.

His mother, Shep, had been a fine Scotch shepherd dog.

Annesi Shep, iyi bir İskoç çoban köpeğiydi.

But even at that weight, Buck walked with regal presence.

Ama Buck, o kiloda bile görkemli bir duruşla yürüyordu.

This came from good food and the respect he always received.

Bu, güzel yemeklerden ve her zaman gördüğü saygıdan kaynaklanıyordu.

For four years, Buck had lived like a spoiled nobleman.

Buck dört yıl boyunca şımarık bir asilzade gibi yaşamıştı.

He was proud of himself, and even slightly egotistical.

Kendisiyle gurur duyuyordu, hatta biraz da egoistti.

That kind of pride was common in remote country lords.

Bu tür bir gurur, uzak ülke beyleri arasında yaygındı.

But Buck saved himself from becoming pampered house-dog.

Ama Buck, şımartılan bir ev köpeği olmaktan kurtuldu.

He stayed lean and strong through hunting and exercise.

Avcılık ve egzersiz sayesinde zayıf ve güçlü kaldı.

He loved water deeply, like people who bathe in cold lakes.

Suyu çok severdi, tıpkı soğuk göllerde yıkanan insanlar gibi.

This love for water kept Buck strong, and very healthy.

Suya olan bu sevgi Buck'ı güçlü ve çok sağlıklı tutuyordu.

This was the dog Buck had become in the fall of 1897.

Bu, Buck'ın 1897 sonbaharında dönüştüğü köpekti.

When the Klondike strike pulled men to the frozen North.

Klondike saldırısı adamları dondurucu Kuzey'e çektiğinde.

People rushed from all over the world into the cold land.

Dünyanın her yanından insanlar soğuk topraklara akın ediyordu.

Buck, however, did not read the papers, nor understand news.

Ancak Buck gazete okumuyor ve haberlerden anlamıyordu.

He did not know Manuel was a bad man to be around.

Manuel'in etrafında bulunması kötü bir adam olduğunu bilmiyordu.

Manuel, who helped in the garden, had a deep problem.

Bahçede yardım eden Manuel'in derin bir sorunu vardı.

Manuel was addicted to gambling in the Chinese lottery.

Manuel, Çin piyangosuna kumar oynamaya bağımlıydı.

He also believed strongly in a fixed system for winning.

Ayrıca kazanmak için sabit bir sisteme inanıyordu.

That belief made his failure certain and unavoidable.

Bu inanç onun başarısızlığını kesin ve kaçınılmaz kılıyordu.

Playing a system demands money, which Manuel lacked.

Sistemli bir oyun oynamak para gerektiriyordu ve Manuel'de bu yoktu.

His pay barely supported his wife and many children.

Maaşı karısının ve çok sayıda çocuğunun geçimini ancak sağlıyordu.

On the night Manuel betrayed Buck, things were normal.

Manuel'in Buck'a ihanet ettiği gece her şey normaldi.

The Judge was at a Raisin Growers' Association meeting.

Hakim, Kuru Üzüm Yetiştiricileri Derneği toplantısındaydı.

The Judge's sons were busy forming an athletic club then.

O sıralarda Hakim'in oğulları bir spor kulübü kurmakla meşguldüler.

No one saw Manuel and Buck leaving through the orchard.

Manuel ve Buck'ın meyve bahçesinden ayrıldıklarını kimse görmedi.

Buck thought this walk was just a simple nighttime stroll.

Buck bu yürüyüşün sıradan bir gece gezintisi olduğunu düşünüyordu.

They met only one man at the flag station, in College Park.

College Park'taki bayrak istasyonunda yalnızca bir adamla karşılaştılar.

That man spoke to Manuel, and they exchanged money.

O adam Manuel'le konuştu ve para alışverişinde bulundular.
"Wrap up the goods before you deliver them," he suggested.
"Malları teslim etmeden önce paketleyin" diye önerdi.
The man's voice was rough and impatient as he spoke.
Adam konuşurken sesi sert ve sabırsızdı.
Manuel carefully tied a thick rope around Buck's neck.
Manuel, Buck'ın boynuna kalın bir ipi dikkatlice bağladı.
"Twist the rope, and you'll choke him plenty"
"İpi bükersen onu bol bol boğarsın"
The stranger gave a grunt, showing he understood well.
Yabancı, onu iyi anladığını gösteren bir homurtu çıkardı.
Buck accepted the rope with calm and quiet dignity that day.
Buck o gün ipi sakin ve sessiz bir vakarla kabul etti.
It was an unusual act, but Buck trusted the men he knew.
Sıra dışı bir davranıştı ama Buck tanıdığı adamlara
güveniyordu.
**He believed their wisdom went far beyond his own
thinking.**
Onların bilgeliğinin kendi düşüncelerinin çok ötesinde
olduğuna inanıyordu.
But then the rope was handed to the hands of the stranger.
Ama sonra ip yabancının eline geçti.
Buck gave a low growl that warned with quiet menace.
Buck, sessiz bir tehditle uyaran alçak bir homurtu çıkardı.
**He was proud and commanding, and meant to show his
displeasure.**
Gururlu ve buyurgandı, hoşnutsuzluğunu göstermek
istiyordu.
Buck believed his warning would be understood as an order.
Buck, uyarısının bir emir olarak anlaşılacağına inanıyordu.
To his shock, the rope tightened fast around his thick neck.
Şaşkınlıkla, ipin kalın boynunu daha da sıkı sardığını gördü.
His air was cut off and he began to fight in a sudden rage.
Nefesi kesildi ve aniden öfkelenerek kavga etmeye başladı.
He sprang at the man, who quickly met Buck in mid-air.
Adamın üzerine atıldı, adam da hemen Buck'la havada
buluştu.

The man grabbed Buck's throat and skillfully twisted him in the air.
Adam Buck'ın boğazını yakaladı ve onu ustalıkla havaya kaldırdı.

Buck was thrown down hard, landing flat on his back.
Buck sert bir şekilde yere fırlatıldı ve sırt üstü yere düştü.

The rope now choked him cruelly while he kicked wildly.
İp artık onu acımasızca boğuyordu, o ise çılgınca tekmeliyordu.

His tongue fell out, his chest heaved, but gained no breath.
Dili dışarı çıktı, göğsü inip kalktı ama nefes alamadı.

He had never been treated with such violence in his life.
Hayatında hiç bu kadar şiddetle karşılaşmamıştı.

He had also never been filled with such deep fury before.
Daha önce hiç bu kadar derin bir öfkeye kapılmamıştı.

But Buck's power faded, and his eyes turned glassy.
Ama Buck'ın gücü azaldı ve gözleri donuklaştı.

He passed out just as a train was flagged down nearby.
Yakınlarda bir trenin durdurulduğu sırada bayıldı.

Then the two men tossed him into the baggage car quickly.
Daha sonra iki adam onu hızla bagaj vagonuna fırlattılar.

The next thing Buck felt was pain in his swollen tongue.
Buck'ın hissettiği bir sonraki şey şişmiş dilindeki acıydı.

He was moving in a shaking cart, only dimly conscious.
Sallanan bir arabada hareket ediyordu, bilinci pek yerinde değildi.

The sharp scream of a train whistle told Buck his location.
Bir tren düdüğünün keskin çığlığı Buck'a yerini söyledi.

He had often ridden with the Judge and knew the feeling.
Yargıçla birlikte sık sık yolculuk yapmıştı ve bu duyguyu çok iyi biliyordu.

It was the unique jolt of traveling in a baggage car again.
Tekrar bir yük vagonunda seyahat etmenin eşsiz sarsıntısıydı.

Buck opened his eyes, and his gaze burned with rage.
Buck gözlerini açtı, bakışları öfkeyle yanıyordu.

This was the anger of a proud king taken from his throne.
Bu, tahtından indirilen kibirli bir kralın öfkesiydi.

A man reached to grab him, but Buck struck first instead.

Bir adam onu yakalamak için uzandı ama önce Buck saldırdı.

He sank his teeth into the man's hand and held tightly.

Dişlerini adamın eline geçirdi ve sıkıca tuttu.

He did not let go until he blacked out a second time.

İkinci kez bayılıncaya kadar bırakmadı.

"Yep, has fits," the man muttered to the baggageman.

"Evet, kriz geçiriyor," diye mırıldandı adam bagaj görevlisine.

The baggageman had heard the struggle and come near.

Yükçü boğuşma sesini duymuş ve yaklaşmıştı.

"I'm taking him to 'Frisco for the boss," the man explained.

"Onu patron için Frisco'ya götürüyorum" diye açıkladı adam.

"There's a fine dog-doctor there who says he can cure them."

"Orada onları iyileştirebileceğini söyleyen iyi bir köpek doktoru var."

Later that night the man gave his own full account.

Aynı gece adam tüm ayrıntısıyla anlattı.

He spoke from a shed behind a saloon on the docks.

Rıhtımda bir meyhanenin arkasındaki kulübeden konuşuyordu.

"All I was given was fifty dollars," he complained to the saloon man.

"Bana sadece elli dolar verildi," diye şikayet etti meyhaneciye.

"I wouldn't do it again, not even for a thousand in cold cash."

"Bin dolar nakit verilse bile bir daha bunu yapmam."

His right hand was tightly wrapped in a bloody cloth.

Sağ eli kanlı bir bezle sıkıca sarılmıştı.

His trouser leg was torn wide open from knee to foot.

Pantolon paçası dizinden ayağına kadar yırtılmıştı.

"How much did the other mug get paid?" asked the saloon man.

"Diğer züppe ne kadar maaş aldı?" diye sordu barmen.

"A hundred," the man replied, "he wouldn't take a cent less."

"Yüz," diye cevapladı adam, "bir kuruş bile aşağısını kabul etmez."

"That comes to a hundred and fifty," the saloon man said.
"Bu da yüz elli ediyor," dedi meyhaneci.

"And he's worth it all, or I'm no better than a blockhead."
"Ve o her şeye değer, yoksa ben bir aptaldan daha iyi değilim."

The man opened the wrappings to examine his hand.
Adam elini incelemek için ambalajı açtı.

The hand was badly torn and crusted in dried blood.
Eli çok kötü yırtılmış ve kurumuş kanla kaplanmıştı.

"If I don't get the hydrophobia…" he began to say.
"Kuduz olmazsam…" diye söze başladı.

"It'll be because you were born to hang," came a laugh.
"Çünkü asılmak için doğmuşsun," diye bir kahkaha duyuldu.

"Come help me out before you get going," he was asked.
"Yola çıkmadan önce bana yardım et," diye rica ettiler.

Buck was in a daze from the pain in his tongue and throat.
Buck, dilindeki ve boğazındaki acıdan sersemlemişti.

He was half-strangled, and could barely stand upright.
Yarı boğulmuş haldeydi ve ayakta durmakta zorlanıyordu.

Still, Buck tried to face the men who had hurt him so.
Yine de Buck, kendisine bu kadar zarar veren adamlarla yüzleşmeye çalışıyordu.

But they threw him down and choked him once again.
Ama onu yere attılar ve bir kez daha boğazladılar.

Only then could they saw off his heavy brass collar.
Ancak o zaman ağır pirinç yakasını kesebildiler.

They removed the rope and shoved him into a crate.
İpi çözüp onu bir sandığa ittiler.

The crate was small and shaped like a rough iron cage.
Sandık küçüktü ve kaba bir demir kafese benziyordu.

Buck lay there all night, filled with wrath and wounded pride.
Buck bütün gece orada yattı, öfke ve incinmiş gururla doluydu.

He could not begin to understand what was happening to him.
Kendisine ne olduğunu bir türlü anlayamıyordu.

Why were these strange men keeping him in this small crate?

Bu garip adamlar onu neden bu küçük kafeste tutuyorlardı?

What did they want with him, and why this cruel captivity?

Ondan ne istiyorlardı ve bu zalim esaret nedendi?

He felt a dark pressure; a sense of disaster drawing closer.

Karanlık bir baskı hissediyordu; yaklaşan bir felaket duygusu.

It was a vague fear, but it settled heavily on his spirit.

Bu belirsiz bir korkuydu ama ruhuna ağır bir şekilde yerleşmişti.

Several times he jumped up when the shed door rattled.

Birkaç kez kulübenin kapısı gıcırdadığında yerinden sıçradı.

He expected the Judge or the boys to appear and rescue him.

Hakimin ya da çocukların gelip kendisini kurtarmasını bekliyordu.

But only the saloon-keeper's fat face peeked inside each time.

Ama her seferinde içeriye yalnızca meyhanecinin şişman yüzü bakıyordu.

The man's face was lit by the dim glow of a tallow candle.

Adamın yüzü, don yağından yapılmış bir mumun soluk ışığıyla aydınlanıyordu.

Each time, Buck's joyful bark changed to a low, angry growl.

Her seferinde Buck'ın neşeli havlaması, yerini alçak, öfkeli bir homurtuya bırakıyordu.

The saloon-keeper left him alone for the night in the crate

Bar sahibi onu gece boyunca sandıkta yalnız bıraktı

But when he awoke in the morning more men were coming.

Fakat sabah uyandığında daha fazla adamın geldiğini gördü.

Four men came and gingerly picked up the crate without a word.

Dört adam gelip tek kelime etmeden dikkatlice sandığı aldılar.

Buck knew at once the situation he found himself in.

Buck, içinde bulunduğu durumun farkına hemen vardı.

They were further tormentors that he had to fight and fear.

Bunlar onun savaşması ve korkması gereken başka
işkencecilerdi.

These men looked wicked, ragged, and very badly groomed.

Bu adamlar kötü, perişan ve çok kötü bakımlı görünüyorlardı.

Buck snarled and lunged at them fiercely through the bars.

Buck hırladı ve parmaklıkların arasından onlara doğru sertçe
atıldı.

**They just laughed and jabbed at him with long wooden
sticks.**

Sadece gülüyorlardı ve uzun tahta sopalarla ona vuruyorlardı.

Buck bit at the sticks, then realized that was what they liked.

Buck çubukları ısırdı, sonra bunun hoşlarına gittiğini anladı.

So he lay down quietly, sullen and burning with quiet rage.

Bu yüzden sessizce yattı, surat asmıştı ve sessiz bir öfkeyle
yanıyordu.

They lifted the crate into a wagon and drove away with him.

Sandığı bir arabaya kaldırıp onu alıp uzaklaştılar.

The crate, with Buck locked inside, changed hands often.

İçinde Buck'ın kilitli olduğu sandık sık sık el değiştiriyordu.

Express office clerks took charge and handled him briefly.

Ekspres büro memurları devreye girdi ve kısa bir süre onunla
ilgilendiler.

Then another wagon carried Buck across the noisy town.

Sonra başka bir vagon Buck'ı gürültülü kasabanın içinden
taşıdı.

A truck took him with boxes and parcels onto a ferry boat.

Bir kamyon onu kutular ve paketlerle birlikte bir feribota
bindirdi.

After crossing, the truck unloaded him at a rail depot.

Geçişten sonra kamyon onu bir tren istasyonuna indirdi.

At last, Buck was placed inside a waiting express car.

Sonunda Buck, bekleyen bir ekspres vagonuna yerleştirildi.

For two days and nights, trains pulled the express car away.

İki gün iki gece trenler ekspres vagonu çekip götürdü.

**Buck neither ate nor drank during the whole painful
journey.**

Buck, tüm bu acı dolu yolculuk boyunca ne bir şey yedi ne de içti.

When the express messengers tried to approach him, he growled.

Kuryeler kendisine yaklaşmaya çalıştıklarında homurdanıyordu.

They responded by mocking him and teasing him cruelly.

Onlar da ona alay ederek ve acımasızca sataşarak karşılık verdiler.

Buck threw himself at the bars, foaming and shaking

Buck kendini parmaklıklara attı, köpürdü ve titredi

they laughed loudly, and taunted him like schoolyard bullies.

yüksek sesle gülüyorlardı ve okul bahçesindeki zorbalar gibi onunla alay ediyorlardı.

They barked like fake dogs and flapped their arms.

Sahte köpekler gibi havlıyorlar ve kollarını çırpıyorlardı.

They even crowed like roosters just to upset him more.

Hatta onu daha da üzmek için horoz gibi ötüyorlardı.

It was foolish behavior, and Buck knew it was ridiculous.

Bu aptalca bir davranıştı ve Buck bunun saçma olduğunu biliyordu.

But that only deepened his sense of outrage and shame.

Ama bu, onun öfkesini ve utancını daha da derinleştirdi.

He was not bothered much by hunger during the trip.

Yolculuk sırasında açlık onu pek rahatsız etmedi.

But thirst brought sharp pain and unbearable suffering.

Fakat susuzluk, beraberinde şiddetli ağrıları ve dayanılmaz acıları getiriyordu.

His dry, inflamed throat and tongue burned with heat.

Kuru, iltihaplı boğazı ve dili sıcaklıkla yanıyordu.

This pain fed the fever rising within his proud body.

Bu acı, gururlu bedeninin içinde yükselen ateşi besliyordu.

Buck was thankful for one single thing during this trial.

Buck, bu dava boyunca tek bir şeye şükretti.

The rope had been removed from around his thick neck.

Kalın boynundaki ip çözülmüştü.

The rope had given those men an unfair and cruel advantage.

İp o adamlara haksız ve zalim bir avantaj sağlamıştı.

Now the rope was gone, and Buck swore it would never return.

Artık ip gitmişti ve Buck onun asla geri dönmeyeceğine yemin etti.

He resolved no rope would ever go around his neck again.

Bir daha asla boynuna ip dolanmayacağına karar verdi.

For two long days and nights, he suffered without food.

İki uzun gün ve gece boyunca aç kaldı.

And in those hours, he built up an enormous rage inside.

Ve o saatler içinde içinde büyük bir öfke biriktirdi.

His eyes turned bloodshot and wild from constant anger.

Gözleri sürekli öfkeden kan çanağına dönmüş, çılgına dönmüştü.

He was no longer Buck, but a demon with snapping jaws.

Artık Buck değildi, çeneleri şakırdayan bir iblisti.

Even the Judge would not have known this mad creature.

Hakim bile bu deli yaratığı tanıyamazdı.

The express messengers sighed in relief when they reached Seattle

Ekspres kuryeler Seattle'a vardıklarında rahat bir nefes aldılar

Four men lifted the crate and brought it to a back yard.

Dört adam sandığı kaldırıp arka bahçeye getirdiler.

The yard was small, surrounded by high and solid walls.

Avlu küçüktü, yüksek ve sağlam duvarlarla çevriliydi.

A big man stepped out in a sagging red sweater shirt.

Üzerinde kırmızı, bol bir kazak gömleği olan iri yarı bir adam dışarı çıktı.

He signed the delivery book with a thick and bold hand.

Teslimat defterini kalın ve kalın bir el yazısıyla imzaladı.

Buck sensed at once that this man was his next tormentor.

Buck, bu adamın kendisine bir sonraki işkenceci olacağını hemen anladı.

He lunged violently at the bars, eyes red with fury.

Öfkeden kızarmış gözlerle parmaklıklara doğru şiddetle atıldı.

The man just smiled darkly and went to fetch a hatchet.

Adam sadece karanlık bir şekilde gülümsedi ve baltayı almaya gitti.

He also brought a club in his thick and strong right hand.

Ayrıca kalın ve güçlü sağ elinde bir sopa vardı.

"You going to take him out now?" the driver asked, concerned.

"Onu şimdi mi dışarı çıkaracaksın?" diye sordu şoför endişeyle.

"Sure," said the man, jamming the hatchet into the crate as a lever.

"Elbette," dedi adam, baltayı kaldıraç olarak kullanarak kasaya sokarken.

The four men scattered instantly, jumping up onto the yard wall.

Dört adam anında dağılıp bahçe duvarına atladılar.

From their safe spots above, they waited to watch the spectacle.

Yukarıdaki güvenli noktalarından manzarayı izlemeyi bekliyorlardı.

Buck lunged at the splintered wood, biting and shaking fiercely.

Buck parçalanmış tahtaya doğru atıldı, ısırdı ve şiddetle salladı.

Each time the hatchet hit the cage), Buck was there to attack it.

(Her seferinde balta kafese çarptığında) Buck saldırmak için oradaydı.

He growled and snapped with wild rage, eager to be set free.

Özgür bırakılmak için can atarak hırladı ve vahşi bir öfkeyle bağırdı.

The man outside was calm and steady, intent on his task.

Dışarıdaki adam sakin ve kararlıydı, işine odaklanmıştı.

"Right then, you red-eyed devil," he said when the hole was large.

"O zaman, kırmızı gözlü şeytan," dedi delik genişlediğinde.

He dropped the hatchet and took the club in his right hand.

Baltayı bırakıp sopayı sağ eline aldı.

Buck truly looked like a devil; eyes bloodshot and blazing.

Buck gerçekten de bir şeytana benziyordu; gözleri kan çanağı gibiydi ve alev alev yanıyordu.

His coat bristled, foam frothed at his mouth, eyes glinting.

Tüyleri diken diken oldu, ağzından köpükler çıktı, gözleri parladı.

He bunched his muscles and sprang straight at the red sweater.

Kaslarını kasıp kırmızı kazağa doğru atıldı.

One hundred and forty pounds of fury flew at the calm man.

Sakin adama 140 kiloluk bir öfke saldırdı.

Just before his jaws clamped shut, a terrible blow struck him.

Çenesi kapanmadan hemen önce korkunç bir darbe yedi.

His teeth snapped together on nothing but air

Dişleri sadece havada birbirine çarptı

a jolt of pain reverberated through his body

acının sarsıntısı vücudunda yankılandı

He flipped midair and crashed down on his back and side.

Havada takla atarak sırt üstü ve yan tarafına düştü.

He had never before felt a club's blow and could not grasp it.

Daha önce hiç sopa darbesi hissetmemiş ve bunu kavrayamamıştı.

With a shrieking snarl, part bark, part scream, he leaped again.

Kısmen havlama, kısmen çığlık gibi tiz bir hırlamayla tekrar sıçradı.

Another brutal strike hit him and hurled him to the ground.

Bir başka vahşi darbe daha ona isabet etti ve yere savruldu.

This time Buck understood—it was the man's heavy club.

Buck bu sefer anladı: Adamın ağır sopasıydı bu.

But rage blinded him, and he had no thought of retreat.

Fakat öfke onu kör etmişti ve geri çekilmeyi düşünmüyordu.

Twelve times he launched himself, and twelve times he fell.

On iki kez kendini fırlattı ve on iki kez düştü.

The wooden club smashed him each time with ruthless, crushing force.

Tahta sopa her seferinde acımasız, ezici bir güçle ona çarpıyordu.

After one fierce blow, he staggered to his feet, dazed and slow.

Şiddetli bir darbeden sonra sersemlemiş ve yavaş bir şekilde ayağa kalktı.

Blood ran from his mouth, his nose, and even his ears.

Ağzından, burnundan, hatta kulaklarından kan akıyordu.

His once-beautiful coat was smeared with bloody foam.

Bir zamanlar güzel olan paltosu kanlı köpüklerle lekelenmişti.

Then the man stepped up and struck a wicked blow to the nose.

Sonra adam öne çıktı ve burnuna sert bir darbe indirdi.

The agony was sharper than anything Buck had ever felt.

Buck'ın daha önce hiç hissetmediği kadar şiddetli bir acı vardı.

With a roar more beast than dog, he leaped again to attack.

Bir köpekten çok bir canavarın kükremesini andıran bir sesle tekrar saldırıya geçti.

But the man caught his lower jaw and twisted it backward.

Fakat adam alt çenesini yakaladı ve geriye doğru büktü.

Buck flipped head over heels, crashing down hard again.

Buck baş aşağı döndü ve tekrar sert bir şekilde yere çakıldı.

One final time, Buck charged at him, now barely able to stand.

Buck son kez ona doğru koştu, artık ayakta durmakta zorlanıyordu.

The man struck with expert timing, delivering the final blow.

Adam ustaca bir zamanlamayla vurarak son darbeyi indirdi.

Buck collapsed in a heap, unconscious and unmoving.

Buck baygın ve hareketsiz bir şekilde yığılıp kaldı.

"He's no slouch at dog-breaking, that's what I say," a man yelled.

"Köpek terbiye etmede hiç de fena değil, ben öyle diyorum," diye bağırdı bir adam.

"Druther can break the will of a hound any day of the week."

"Druther, bir tazının iradesini haftanın her günü kırabilir."

"And twice on a Sunday!" added the driver.

"Ve Pazar günü iki kere!" diye ekledi şoför.

He climbed into the wagon and cracked the reins to leave.

Vagona bindi ve dizginleri şaklatarak yola koyuldu.

Buck slowly regained control of his consciousness

Buck yavaş yavaş bilincini yeniden kazandı

but his body was still too weak and broken to move.

ama vücudu hâlâ hareket edemeyecek kadar zayıf ve kırıktı.

He lay where he had fallen, watching the red-sweatered man.

Düştüğü yerde yatıp kırmızı kazaklı adamı izliyordu.

"He answers to the name of Buck," the man said, reading aloud.

"Buck adını kullanıyor," dedi adam yüksek sesle okurken.

He quoted from the note sent with Buck's crate and details.

Buck'ın sandığı ve detaylarıyla birlikte gönderilen nottan alıntı yaptı.

"Well, Buck, my boy," the man continued with a friendly tone,

"Eh, Buck, oğlum," diye devam etti adam dostça bir ses tonuyla,

"we've had our little fight, and now it's over between us."

"Küçük kavgamızı yaptık ve artık aramızda bitti."

"You've learned your place, and I've learned mine," he added.

"Sen haddini bildin, ben de haddimi bildim" diye ekledi.

"Be good, and all will go well, and life will be pleasant."

"İyi ol, her şey yoluna girecek, hayat keyifli olacak."

"But be bad, and I'll beat the stuffing out of you, understand?"

"Ama kötü davranırsan seni pataklarım, anladın mı?"

As he spoke, he reached out and patted Buck's sore head.

Konuşurken elini uzatıp Buck'ın yaralı başını okşadı.

Buck's hair rose at the man's touch, but he didn't resist.

Buck'ın tüyleri adamın dokunuşuyla diken diken oldu ama direnmedi.

The man brought him water, which Buck drank in great gulps.

Adam ona su getirdi, Buck da onu büyük yudumlarla içti.

Then came raw meat, which Buck devoured chunk by chunk.

Sonra Buck'ın parça parça mideye indirdiği çiğ et geldi.

He knew he was beaten, but he also knew he wasn't broken.

Yenildiğini biliyordu ama kırılmadığını da biliyordu.

He had no chance against a man armed with a club.

Sopalı bir adama karşı hiçbir şansı yoktu.

He had learned the truth, and he never forgot that lesson.

Gerçeği öğrenmişti ve bu dersi hiçbir zaman unutmadı.

That weapon was the beginning of law in Buck's new world.

Bu silah Buck'ın yeni dünyasında hukukun başlangıcıydı.

It was the start of a harsh, primitive order he could not deny.

İnkar edemeyeceği sert, ilkel bir düzenin başlangıcıydı bu.

He accepted the truth; his wild instincts were now awake.

Gerçeği kabul etti; vahşi içgüdüleri artık uyanmıştı.

The world had grown harsher, but Buck faced it bravely.

Dünya giderek daha acımasız bir hal almıştı ama Buck bununla cesurca yüzleşti.

He met life with new caution, cunning, and quiet strength.

Hayata yeni bir dikkatle, kurnazlıkla ve sessiz bir güçle yaklaştı.

More dogs arrived, tied in ropes or crates like Buck had been.

Buck'ınki gibi iplere veya kasalara bağlanmış daha fazla köpek geldi.

Some dogs came calmly, others raged and fought like wild beasts.

Kimisi sakin sakin gelirken, kimisi de vahşi hayvanlar gibi öfkelenip kavga ediyordu.

All of them were brought under the rule of the red-sweatered man.

Hepsi kırmızı kazaklı adamın yönetimi altına girdi.

Each time, Buck watched and saw the same lesson unfold.

Buck her seferinde aynı dersin ortaya çıktığını gördü.

The man with the club was law; a master to be obeyed.

Sopa tutan adam kanundu; itaat edilmesi gereken bir efendiydi.

He did not need to be liked, but he had to be obeyed.

Sevilmeye ihtiyacı yoktu ama itaat edilmeye ihtiyacı vardı.

Buck never fawned or wagged like the weaker dogs did.

Buck asla zayıf köpekler gibi yaltaklanmıyor veya kuyruk sallamıyordu.

He saw dogs that were beaten and still licked the man's hand.

Dövülmüş olmasına rağmen adamın elini yalayan köpekler gördü.

He saw one dog who would not obey or submit at all.

Bir köpeğin itaat etmediğini, boyun eğmediğini gördü.

That dog fought until he was killed in the battle for control.

O köpek kontrol mücadelesinde öldürülene kadar savaştı.

Strangers would sometimes come to see the red-sweatered man.

Bazen yabancılar kırmızı kazaklı adamı görmeye gelirlerdi.

They spoke in strange tones, pleading, bargaining, and laughing.

Garip ses tonlarıyla konuşuyorlardı; yalvarıyor, pazarlık ediyor ve gülüyorlardı.

When money was exchanged, they left with one or more dogs.

Para alışverişi yapıldığında bir veya daha fazla köpekle ayrılırlardı.

Buck wondered where these dogs went, for none ever returned.

Buck bu köpeklerin nereye gittiğini merak ediyordu, çünkü hiçbiri geri dönmüyordu.

fear of the unknown filled Buck every time a strange man came

Buck her seferinde yabancı bir adam geldiğinde bilinmeyenin korkusuyla dolar

he was glad each time another dog was taken, rather than himself.

Kendisi yerine başka bir köpeğin kaçırılmasına her seferinde seviniyordu.

But finally, Buck's turn came with the arrival of a strange man.

Ama sonunda Buck'ın sırası geldi ve garip bir adam geldi.

He was small, wiry, and spoke in broken English and curses.

Küçük, zayıftı, bozuk İngilizceyle konuşuyor ve küfürler ediyordu.

"Sacredam!" he yelled when he laid eyes on Buck's frame.

"Kutsal!" diye bağırdı Buck'ın vücudunu gördüğünde.

"That's one damn bully dog! Eh? How much?" he asked aloud.

"Bu lanet olası bir zorba köpek! Ha? Ne kadar?" diye sordu yüksek sesle.

"Three hundred, and he's a present at that price,"

"Üç yüz ve o fiyata bir hediye,"

"Since it's government money, you shouldn't complain, Perrault."

"Bu devletin parası olduğu için şikayet etmemelisin, Perrault."

Perrault grinned at the deal he had just made with the man.

Perrault, adamla yaptığı anlaşmaya sırıttı.

The price of dogs had soared due to the sudden demand.

Aniden oluşan talep nedeniyle köpeklerin fiyatları fırladı.

Three hundred dollars wasn't unfair for such a fine beast.

Böyle güzel bir hayvan için üç yüz dolar hiç de haksız sayılmazdı.

The Canadian Government would not lose anything in the deal

Kanada Hükümeti anlaşmada hiçbir şey kaybetmeyecek

Nor would their official dispatches be delayed in transit.

Resmi gönderilerinin ulaştırılmasında da herhangi bir gecikme yaşanmayacak.

Perrault knew dogs well, and could see Buck was something rare.

Perrault köpekleri iyi tanıyordu ve Buck'ın nadir bir tür olduğunu görebiliyordu.

"One in ten ten-thousand," he thought, as he studied Buck's build.

Buck'ın yapısını incelerken, "On binde bir," diye düşündü.

Buck saw the money change hands, but showed no surprise.

Buck paranın el değiştirdiğini gördü ama şaşırmadı.

Soon he and Curly, a gentle Newfoundland, were led away.

Kısa süre sonra o ve Kıvırcık isimli nazik bir Newfoundland köpeği götürüldü.

They followed the little man from the red sweater's yard.

Kırmızı kazaklının bahçesinden küçük adamı takip ettiler.

That was the last Buck ever saw of the man with the wooden club.

Buck, tahta sopalı adamı son kez gördü.

From the Narwhal's deck he watched Seattle fade into the distance.

Narwhal'ın güvertesinden Seattle'ın uzaklaşıp gidişini izliyordu.

It was also the last time he ever saw the warm Southland.

Ayrıca sıcak Güney'i son görüşüydü.

Perrault took them below deck, and left them with François.

Perrault onları güverte altına aldı ve François'nın yanında bıraktı.

François was a black-faced giant with rough, calloused hands.

François, sert ve nasırlı elleri olan kara yüzlü bir devdi.

He was dark and swarthy; a half-breed French-Canadian.

Esmer ve esmerdi; melez bir Fransız-Kanadalıydı.

To Buck, these men were of a kind he had never seen before.

Buck'a göre bu adamlar daha önce hiç görmediği türden adamlardı.

He would come to know many such men in the days ahead.

İlerleyen günlerde daha birçok böyle adam tanıyacaktı.

He did not grow fond of them, but he came to respect them.

Onlara karşı sevgisi artmamıştı ama saygı duymaya başlamıştı.

They were fair and wise, and not easily fooled by any dog.
Onlar adil ve akıllıydılar ve hiçbir köpek onları kolayca kandıramazdı.

They judged dogs calmly, and punished only when deserved.
Köpekleri sakin bir şekilde yargılıyorlar ve sadece hak ettiklerinde ceza veriyorlardı.

In the Narwhal's lower deck, Buck and Curly met two dogs.
Narwhal'ın alt güvertesinde Buck ve Kıvırcık iki köpekle karşılaştılar.

One was a large white dog from far-off, icy Spitzbergen.
Bunlardan biri çok uzaklardaki buzlu Spitzbergen'den gelen büyük beyaz bir köpekti.

He'd once sailed with a whaler and joined a survey group.
Bir zamanlar bir balina avcısıyla birlikte yelken açmış ve bir araştırma grubuna katılmıştı.

He was friendly in a sly, underhanded and crafty fashion.
Sinsi, dolambaçlı ve hileli bir şekilde dost canlısıydı.

At their first meal, he stole a piece of meat from Buck's pan.
İlk yemeklerinde Buck'ın tavasından bir parça et çaldı.

Buck jumped to punish him, but François's whip struck first.
Buck onu cezalandırmak için atıldı ama François'nın kırbacı ondan önce vurdu.

The white thief yelped, and Buck reclaimed the stolen bone.
Beyaz hırsız ciyakladı ve Buck çalınan kemiği geri aldı.

That fairness impressed Buck, and François earned his respect.
Bu adalet duygusu Buck'ı etkiledi ve François onun saygısını kazandı.

The other dog gave no greeting, and wanted none in return.
Diğer köpek ne selam verdi ne de karşılığında selam istedi.

He didn't steal food, nor sniff at the new arrivals with interest.
Ne yiyecek çaldı, ne de yeni gelenleri ilgiyle kokladı.

This dog was grim and quiet, gloomy and slow-moving.

Bu köpek asık suratlı ve sessizdi, kasvetli ve yavaş hareket ediyordu.

He warned Curly to stay away by simply glaring at her.

Kıvırcık'ye sadece dik dik bakarak uzak durmasını uyardı.

His message was clear; leave me alone or there'll be trouble.

Mesajı açıktı; beni rahat bırakın, yoksa başımıza dert açılır.

He was called Dave, and he barely noticed his surroundings.

Adı Dave'di ve etrafının pek farkında değildi.

He slept often, ate quietly, and yawned now and again.

Sık sık uyurdu, sessizce yerdi ve ara sıra esnerdi.

The ship hummed constantly with the beating propeller below.

Geminin altındaki pervane sürekli uğulduyordu.

Days passed with little change, but the weather got colder.

Günler pek bir değişiklik olmadan geçiyordu, ama hava daha da soğudu.

Buck could feel it in his bones, and noticed the others did too.

Buck bunu kemiklerinde hissedebiliyordu ve diğerlerinin de aynı şeyi hissettiğini fark etti.

Then one morning, the propeller stopped and all was still.

Sonra bir sabah pervane durdu ve her şey hareketsiz kaldı.

An energy swept through the ship; something had changed.

Gemide bir enerji yayıldı; bir şeyler değişmişti.

François came down, clipped them on leashes, and brought them up.

François aşağı indi, tasmalarını bağladı ve yukarı çıkardı.

Buck stepped out and found the ground soft, white, and cold.

Buck dışarı çıktığında zeminin yumuşak, beyaz ve soğuk olduğunu gördü.

He jumped back in alarm and snorted in total confusion.

Alarmla geriye sıçradı ve tam bir şaşkınlıkla homurdandı.

Strange white stuff was falling from the gray sky.

Gri gökyüzünden garip beyaz bir şey düşüyordu.

He shook himself, but the white flakes kept landing on him.

Kendini silkeledi ama üzerine beyaz kar taneleri düşmeye devam etti.

He sniffed the white stuff carefully and licked at a few icy bits.

Beyaz şeyi dikkatle kokladı ve birkaç buzlu parçayı yaladı.

The powder burned like fire, then vanished right off his tongue.

Barut ateş gibi yandı, sonra da dilinden hemen uçup gitti.

Buck tried again, puzzled by the odd vanishing coldness.

Buck, soğukluğun giderek kaybolması karşısında şaşkınlığını gizleyemeden tekrar denedi.

The men around him laughed, and Buck felt embarrassed.

Çevresindeki adamlar gülüyordu ve Buck utanmıştı.

He didn't know why, but he was ashamed of his reaction.

Nedenini bilmiyordu ama tepkisinden utanıyordu.

It was his first experience with snow, and it confused him.

Karla ilk kez karşılaşıyordu ve kafası karışmıştı.

The Law of Club and Fang
Sopa ve Diş Yasası

Buck's first day on the Dyea beach felt like a terrible nightmare.
Buck'ın Dyea plajındaki ilk günü korkunç bir kabus gibiydi.

Each hour brought new shocks and unexpected changes for Buck.
Buck için her geçen saat yeni şoklar ve beklenmedik değişimler getiriyordu.

He had been pulled from civilization and thrown into wild chaos.
Medeniyetten koparılıp vahşi bir kaosa atılmıştı.

This was no sunny, lazy life with boredom and rest.
Bu, sıkıcı ve dinlenmeyle dolu, güneşli ve tembel bir hayat değildi.

There was no peace, no rest, and no moment without danger.
Ne huzur, ne dinlenme, ne de tehlikesiz bir an vardı.

Confusion ruled everything, and danger was always close.
Her şey karmakarışıktı ve tehlike her an yakındı.

Buck had to stay alert because these men and dogs were different.
Buck tetikte olmak zorundaydı çünkü bu adamlar ve köpekler farklıydı.

They were not from towns; they were wild and without mercy.
Bunlar şehirli değillerdi; vahşi ve acımasızdılar.

These men and dogs only knew the law of club and fang.
Bu adamlar ve köpekler sadece sopa ve diş yasasını biliyorlardı.

Buck had never seen dogs fight like these savage huskies.
Buck daha önce hiç bu vahşi Sibirya kurdu köpekleri gibi kavga eden köpekler görmemişti.

His first experience taught him a lesson he would never forget.
İlk deneyimi ona asla unutamayacağı bir ders vermişti.

He was lucky it was not him, or he would have died too.

Şanslıydı ki o değildi, yoksa o da ölecekti.

Curly was the one who suffered while Buck watched and learned.

Acı çeken Kıvırcık olurken, Buck ise seyredip ders çıkarıyordu.

They had made camp near a store built from logs.

Kütüklerden yapılmış bir dükkânın yakınına kamp kurmuşlardı.

Curly tried to be friendly to a large, wolf-like husky.

Kıvırcık, kurt benzeri büyük bir Sibirya kurduyla dostça davranmaya çalıştı.

The husky was smaller than Curly, but looked wild and mean.

Sibirya kurdu Kıvırcık'den daha küçüktü ama vahşi ve acımasız görünüyordu.

Without warning, he jumped and slashed her face open.

Hiçbir uyarıda bulunmadan atlayıp yüzünü yardı.

His teeth cut from her eye down to her jaw in one move.

Dişleri tek bir hareketle gözünden çenesine kadar indi.

This was how wolves fought—hit fast and jump away.

Kurtlar böyle dövüşürdü: Hızlı vurur ve zıplayarak uzaklaşırlardı.

But there was more to learn than from that one attack.

Ancak bu saldırıdan öğrenilecek çok daha fazla şey vardı.

Dozens of huskies rushed in and made a silent circle.

Onlarca Sibirya kurdu içeri daldı ve sessiz bir çember oluşturdu.

They watched closely and licked their lips with hunger.

Dikkatle izliyorlardı ve açlıktan dudaklarını yalıyorlardı.

Buck didn't understand their silence or their eager eyes.

Buck onların sessizliğini ya da meraklı bakışlarını anlamıyordu.

Curly rushed to attack the husky a second time.

Kıvırcık ikinci kez husky'e saldırmak için koştu.

He used his chest to knock her over with a strong move.

Güçlü bir hareketle göğsünü kullanarak onu devirdi.

She fell on her side and could not get back up.

Yan tarafına düştü ve bir daha ayağa kalkamadı.

That was what the others had been waiting for all along.

İşte diğerlerinin uzun zamandır beklediği şey buydu.

The huskies jumped on her, yelping and snarling in a frenzy.

Sibirya kurdu köpekler çılgınca uluyup hırlayarak üzerine atladılar.

She screamed as they buried her under a pile of dogs.

Köpeklerin altında gömülürken çığlık attı.

The attack was so fast that Buck froze in place with shock.

Saldırı o kadar hızlıydı ki Buck şoktan olduğu yerde donup kaldı.

He saw Spitz stick out his tongue in a way that looked like a laugh.

Spitz'in dilini kahkahaya benzer bir şekilde dışarı çıkardığını gördü.

François grabbed an axe and ran straight into the group of dogs.

François bir balta kaptı ve doğruca köpek grubunun içine koştu.

Three other men used clubs to help beat the huskies away.

Üç kişi daha sopalarla Sibirya kurdunu uzaklaştırmaya çalıştı.

In just two minutes, the fight was over and the dogs were gone.

Sadece iki dakika içinde kavga sona erdi ve köpekler ortadan kayboldu.

Curly lay dead in the red, trampled snow, her body torn apart.

Kıvırcık, kırmızı, çiğnenmiş karda cansız yatıyordu, vücudu parçalanmıştı.

A dark-skinned man stood over her, cursing the brutal scene.

Esmer tenli bir adam başında durmuş, bu vahşi sahneye küfürler yağdırıyordu.

The memory stayed with Buck and haunted his dreams at night.

Bu anı Buck'ın aklından hiç çıkmıyordu ve geceleri rüyalarına giriyordu.

That was the way here; no fairness, no second chance.

Burada yol buydu; adalet yoksa ikinci bir şans da yok.

Once a dog fell, the others would kill without mercy.

Bir köpek düştüğünde diğerleri onu acımasızca öldürürdü.

Buck decided then that he would never allow himself to fall.

Buck o zaman asla düşmeyeceğine karar verdi.

Spitz stuck out his tongue again and laughed at the blood.

Spitz tekrar dilini çıkarıp kana güldü.

From that moment on, Buck hated Spitz with all his heart.

O andan itibaren Buck, Spitz'den bütün kalbiyle nefret etti.

Before Buck could recover from Curly's death, something new happened.

Buck, Kıvırcık'nin ölümünün acısını atlatamadan önce yeni bir şey oldu.

François came over and strapped something around Buck's body.

François gelip Buck'ın vücuduna bir şey bağladı.

It was a harness like the ones used on horses at the ranch.

Çiftlikteki atlara takılanlara benzer bir koşum takımıydı.

As Buck had seen horses work, now he was made to work too.

Buck atların nasıl çalıştığını görmüşse, şimdi de kendisi aynı şekilde çalışmaya zorlanıyordu.

He had to pull François on a sled into the forest nearby.

François'yı kızakla yakındaki ormana çekmek zorundaydı.

Then he had to pull back a load of heavy firewood.

Daha sonra ağır odunları geri çekmek zorunda kaldı.

Buck was proud, so it hurt him to be treated like a work animal.

Buck gururluydu, bu yüzden kendisine bir iş hayvanı gibi davranılması onu üzüyordu.

But he was wise and didn't try to fight the new situation.

Ama o akıllıydı ve yeni duruma karşı koymaya çalışmadı.

He accepted his new life and gave his best in every task.

Yeni hayatını kabullendi ve her görevi en iyi şekilde yerine getirdi.

Everything about the work was strange and unfamiliar to him.

İşin her şeyi ona yabancı ve yabancı geliyordu.

François was strict and demanded obedience without delay.

François çok katıydı ve gecikmeden itaat edilmesini istiyordu.

His whip made sure that every command was followed at once.

Kırbacı her emrin aynı anda yerine getirilmesini sağlıyordu.

Dave was the wheeler, the dog nearest the sled behind Buck.

Dave, kızak sürücüsüydü ve Buck'ın arkasında kızağa en yakın olan köpekti.

Dave bit Buck on the back legs if he made a mistake.

Dave, Buck hata yaptığında onu arka bacaklarından ısırıyordu.

Spitz was the lead dog, skilled and experienced in the role.

Spitz, rolünde yetenekli ve deneyimli olan baş köpekti.

Spitz could not reach Buck easily, but still corrected him.

Spitz, Buck'a kolayca ulaşamadı ama yine de onu düzeltti.

He growled harshly or pulled the sled in ways that taught Buck.

Sertçe hırlıyor ya da kızakları Buck'a ders verecek şekilde çekiyordu.

Under this training, Buck learned faster than any of them expected.

Bu eğitim sayesinde Buck, herkesin beklediğinden daha hızlı öğrendi.

He worked hard and learned from both François and the other dogs.

Çok çalıştı ve hem François'dan hem de diğer köpeklerden çok şey öğrendi.

By the time they returned, Buck already knew the key commands.

Geri döndüklerinde Buck temel komutları çoktan öğrenmişti.

He learned to stop at the sound of "ho" from François.

François'dan "ho" sesinde durmayı öğrendi.

He learned when he had to pull the sled and run.
Kızak çekmesi ve koşması gerektiğini öğrendi.
He learned to turn wide at bends in the trail without trouble.
Patikanın virajlarında rahatça geniş dönmeyi öğrendi.
He also learned to avoid Dave when the sled went downhill fast.
Ayrıca kızak hızla aşağı doğru gittiğinde Dave'den kaçınmayı da öğrendi.
"They're very good dogs," François proudly told Perrault.
François gururla Perrault'a "Onlar çok iyi köpekler" dedi.
"That Buck pulls like hell—I teach him quick as anything."
"Bu Buck çok iyi çekiyor. Ona hemen öğretiyorum."

Later that day, Perrault came back with two more husky dogs.
Aynı günün ilerleyen saatlerinde Perrault iki Sibirya kurduyla daha geri geldi.
Their names were Billee and Joe, and they were brothers.
İsimleri Billee ve Joe'ydu ve kardeştiler.
They came from the same mother, but were not alike at all.
Aynı anneden geliyorlardı ama birbirlerine hiç benzemiyorlardı.
Billee was sweet-natured and too friendly with everyone.
Billee çok tatlı huylu ve herkese karşı çok arkadaş canlısıydı.
Joe was the opposite—quiet, angry, and always snarling.
Joe ise tam tersiydi; sessiz, öfkeli ve sürekli hırlayan biriydi.
Buck greeted them in a friendly way and was calm with both.
Buck onları dostça karşıladı ve ikisine karşı da sakin davrandı.
Dave paid no attention to them and stayed silent as usual.
Dave onlara aldırış etmedi ve her zamanki gibi sessiz kaldı.
Spitz attacked first Billee, then Joe, to show his dominance.
Spitz önce Billee'ye, sonra da Joe'ya saldırarak üstünlüğünü gösterdi.
Billee wagged his tail and tried to be friendly to Spitz.
Billee kuyruğunu salladı ve Spitz'e dostça davranmaya çalıştı.
When that didn't work, he tried to run away instead.

Bu işe yaramayınca kaçmayı denedi.

He cried sadly when Spitz bit him hard on the side.

Spitz onu sertçe yan tarafından ısırdığında hüzünle ağladı.

But Joe was very different and refused to be bullied.

Ama Joe çok farklıydı ve zorbalığa boyun eğmedi.

Every time Spitz came near, Joe spun to face him fast.

Spitz her yaklaştığında Joe hızla ona doğru dönüyordu.

His fur bristled, his lips curled, and his teeth snapped wildly.

Tüyleri diken diken oldu, dudakları kıvrıldı ve dişleri çılgınca birbirine çarptı.

Joe's eyes gleamed with fear and rage, daring Spitz to strike.

Joe'nun gözleri korku ve öfkeyle parlıyordu, Spitz'e saldırmaya cesaret ediyordu.

Spitz gave up the fight and turned away, humiliated and angry.

Spitz mücadeleyi bıraktı ve aşağılanmış ve öfkelenmiş bir şekilde arkasını döndü.

He took out his frustration on poor Billee and chased him away.

Sinirini zavallı Billee'den çıkardı ve onu kovaladı.

That evening, Perrault added one more dog to the team.

O akşam Perrault ekibe bir köpek daha ekledi.

This dog was old, lean, and covered in battle scars.

Bu köpek yaşlıydı, zayıftı ve savaş yaralarıyla kaplıydı.

One of his eyes was missing, but the other flashed with power.

Gözlerinden biri yoktu ama diğeri güçle parlıyordu.

The new dog's name was Solleks, which meant the Angry One.

Yeni köpeğin adı Solleks'ti; bu da Öfkeli anlamına geliyordu.

Like Dave, Solleks asked nothing from others, and gave nothing back.

Dave gibi Solleks de başkalarından hiçbir şey istemedi ve karşılığında hiçbir şey vermedi.

When Solleks walked slowly into camp, even Spitz stayed away.

Solleks yavaşça kampa doğru yürürken Spitz bile uzak duruyordu.

He had a strange habit that Buck was unlucky to discover.

Buck'ın şanssız bir şekilde keşfettiği garip bir alışkanlığı vardı.

Solleks hated being approached on the side where he was blind.

Solleks, kendisine kör olduğu taraftan yaklaşılmasından nefret ediyordu.

Buck did not know this and made that mistake by accident.

Buck bunu bilmiyordu ve bu hatayı kazara yaptı.

Solleks spun around and slashed Buck's shoulder deep and fast.

Solleks arkasını dönüp Buck'ın omzunu sert ve derin bir şekilde kesti.

From that moment on, Buck never came near Solleks' blind side.

O andan sonra Buck, Solleks'in kör noktasına hiç yaklaşmadı.

They never had trouble again for the rest of their time together.

Birlikte geçirdikleri süre boyunca bir daha asla sorun yaşamadılar.

Solleks wanted only to be left alone, like quiet Dave.

Solleks, tıpkı sessiz Dave gibi, sadece yalnız kalmak istiyordu.

But Buck would later learn they each had another secret goal.

Ancak Buck daha sonra her birinin gizli bir amacının daha olduğunu öğrenecekti.

That night Buck faced a new and troubling challenge—how to sleep.

O gece Buck yeni ve sıkıntılı bir sorunla karşı karşıyaydı: Nasıl uyuyacaktı?

The tent glowed warmly with candlelight in the snowy field.

Çadır, karlı tarlada mum ışığıyla sıcacık parlıyordu.

Buck walked inside, thinking he could rest there like before.

Buck, daha önce olduğu gibi burada dinlenebileceğini düşünerek içeri girdi.

But Perrault and François yelled at him and threw pans.

Fakat Perrault ve François ona bağırıp tava fırlatıyorlardı.

Shocked and confused, Buck ran out into the freezing cold.

Şok ve şaşkınlık içindeki Buck, dondurucu soğuğa doğru koştu.

A bitter wind stung his wounded shoulder and froze his paws.

Acı bir rüzgâr yaralı omzunu acıttı ve patilerini dondurdu.

He lay down in the snow and tried to sleep out in the open.

Karların üzerine uzanıp açıkta uyumaya çalıştı.

But the cold soon forced him to get back up, shaking badly.

Ancak soğuk onu kısa sürede tekrar ayağa kalkmaya zorladı, çok titriyordu.

He wandered through the camp, trying to find a warmer spot.

Kampın içinde dolaşıp daha sıcak bir yer bulmaya çalışıyordu.

But every corner was just as cold as the one before.

Ama her köşe bir önceki kadar soğuktu.

Sometimes savage dogs jumped at him from the darkness.

Bazen karanlığın içinden vahşi köpekler ona doğru atlıyordu.

Buck bristled his fur, bared his teeth, and snarled with warning.

Buck tüylerini kabarttı, dişlerini gösterdi ve uyarı amaçlı hırladı.

He was learning fast, and the other dogs backed off quickly.

Hızla öğreniyordu ve diğer köpekler de hemen geri çekiliyordu.

Still, he had no place to sleep, and no idea what to do.

Ama uyuyacak yeri yoktu, ne yapacağını da bilmiyordu.

At last, a thought came to him—check on his team-mates.

En sonunda aklına bir fikir geldi: Takım arkadaşlarını kontrol etmek.

He returned to their area and was surprised to find them gone.

Onların bulunduğu yere döndüğünde onların gitmiş olduğunu görünce şaşırdı.

Again he searched the camp, but still could not find them.

Tekrar kampı aradı, ama yine bulamadı.

He knew they could not be in the tent, or he would be too.
Onların çadırda olamayacaklarını biliyordu, yoksa kendisi de orada olacaktı.
So where had all the dogs gone in this frozen camp?
Peki bu donmuş kamptaki bütün köpekler nereye gitmişti?
Buck, cold and miserable, slowly circled around the tent.
Buck, üşümüş ve perişan bir halde çadırın etrafında yavaşça daireler çiziyordu.
Suddenly, his front legs sank into soft snow and startled him.
Bir anda ön ayakları yumuşak karın içine gömüldü ve irkildi.
Something wriggled under his feet, and he jumped back in fear.
Ayaklarının altında bir şey kıpırdandı ve korkuyla geriye sıçradı.
He growled and snarled, not knowing what lay beneath the snow.
Karın altında ne olduğunu bilmeden hırladı, homurdandı.
Then he heard a friendly little bark that eased his fear.
Sonra korkusunu hafifleten dostça bir havlama duydu.
He sniffed the air and came closer to see what was hidden.
Havayı kokladı ve neyin saklı olduğunu görmek için yaklaştı.
Under the snow, curled into a warm ball, was little Billee.
Karların altında, sıcacık bir top gibi kıvrılmış küçük Billee vardı.
Billee wagged his tail and licked Buck's face to greet him.
Billee kuyruğunu salladı ve Buck'ın yüzünü yalayarak onu selamladı.
Buck saw how Billee had made a sleeping place in the snow.
Buck, Billee'nin karda nasıl bir uyku yeri yaptığını gördü.
He had dug down and used his own heat to stay warm.
Isınmak için toprağı kazmış ve kendi ısısını kullanmıştı.
Buck had learned another lesson—this was how the dogs slept.
Buck bir ders daha almıştı: Köpekler bu şekilde uyuyordu.
He picked a spot and started digging his own hole in the snow.

Bir yer seçip karda kendine bir çukur kazmaya başladı.

At first, he moved around too much and wasted energy.

İlk başlarda çok fazla hareket ediyordu ve enerjisini boşa harcıyordu.

But soon his body warmed the space, and he felt safe.

Ama kısa süre sonra vücudu ortamı ısıttı ve kendini güvende hissetti.

He curled up tightly, and before long he was fast asleep.

Sıkıca kıvrıldı ve çok geçmeden derin bir uykuya daldı.

The day had been long and hard, and Buck was exhausted.

Gün uzun ve zor geçmişti, Buck bitkin düşmüştü.

He slept deeply and comfortably, though his dreams were wild.

Rüyaları çılgınca olsa da, derin ve rahat bir uyku çekiyordu.

He growled and barked in his sleep, twisting as he dreamed.

Uykusunda hırlıyor ve havlıyor, rüyasında kıvranıyordu.

Buck didn't wake up until the camp was already coming to life.

Buck, kamp canlanana kadar uyanmadı.

At first, he didn't know where he was or what had happened.

İlk başta nerede olduğunu ve ne olduğunu anlayamadı.

Snow had fallen overnight and completely buried his body.

Gece boyunca yağan kar, cesedini tamamen gömmüştü.

The snow pressed in around him, tight on all sides.

Kar her taraftan onu sıkıştırıyordu.

Suddenly a wave of fear rushed through Buck's entire body.

Aniden Buck'ın tüm vücudunu bir korku dalgası sardı.

It was the fear of being trapped, a fear from deep instincts.

Bu, sıkışıp kalma korkusuydu, derin içgüdülerden gelen bir korku.

Though he had never seen a trap, the fear lived inside him.

Hiç tuzak görmemiş olmasına rağmen içinde korku yaşıyordu.

He was a tame dog, but now his old wild instincts were waking.

Evcil bir köpekti ama artık eski vahşi içgüdüleri uyanıyordu.

Buck's muscles tensed, and his fur stood up all over his back.
Buck'ın kasları gerildi ve sırtındaki tüm tüyler diken diken oldu.

He snarled fiercely and sprang straight up through the snow.
Şiddetle hırladı ve doğruca karın üzerine fırladı.

Snow flew in every direction as he burst into the daylight.
Gün ışığına çıktığında her yöne karlar uçuşuyordu.

Even before landing, Buck saw the camp spread out before him.
Buck, henüz karaya ayak basmadan önce kampın önünde uzandığını gördü.

He remembered everything from the day before, all at once.
Bir anda önceki günden her şeyi hatırladı.

He remembered strolling with Manuel and ending up in this place.
Manuel'le birlikte yürüyüşlerini ve bu yere geldiklerini hatırladı.

He remembered digging the hole and falling asleep in the cold.
Çukuru kazdığını ve soğukta uyuyakaldığını hatırladı.

Now he was awake, and the wild world around him was clear.
Artık uyanmıştı ve etrafındaki vahşi dünya net bir şekilde görülebiliyordu.

A shout from François hailed Buck's sudden appearance.
François, Buck'ın aniden ortaya çıkışını sevinçle karşıladı.

"What did I say?" the dog-driver cried loudly to Perrault.
"Ne dedim?" diye bağırdı köpek sürücüsü Perrault'a yüksek sesle.

"That Buck for sure learns quick as anything," François added.
François, "Bu Buck kesinlikle her şeyi çok çabuk öğreniyor," diye ekledi.

Perrault nodded gravely, clearly pleased with the result.
Perrault ciddi bir tavırla başını salladı, sonuçtan açıkça memnundu.

As a courier for the Canadian Government, he carried dispatches.

Kanada Hükümeti'nin kuryesi olarak haber taşıyordu.

He was eager to find the best dogs for his important mission.

Önemli görevi için en iyi köpekleri bulma konusunda istekliydi.

He felt especially pleased now that Buck was part of the team.

Buck'ın da ekibin bir parçası olmasından dolayı artık kendini daha da mutlu hissediyordu.

Three more huskies were added to the team within an hour.

Bir saat içerisinde takıma üç tane daha husky eklendi.

That brought the total number of dogs on the team to nine.

Böylece takımdaki toplam köpek sayısı dokuza çıktı.

Within fifteen minutes all the dogs were in their harnesses.

On beş dakika içinde bütün köpeklerin tasmaları takılmıştı.

The sled team was swinging up the trail toward Dyea Cañon.

Kızak takımı patikada Dyea Kanyonu'na doğru ilerliyordu.

Buck felt glad to be leaving, even if the work ahead was hard.

Buck, önünde zorlu bir iş olmasına rağmen, ayrıldığı için mutluydu.

He found he did not particularly despise the labor or the cold.

Çalışmaktan veya soğuktan özellikle nefret etmediğini gördü.

He was surprised by the eagerness that filled the whole team.

Tüm ekibi dolduran coşkuyu görünce şaşırdı.

Even more surprising was the change that had come over Dave and Solleks.

Daha da şaşırtıcı olanı Dave ve Solleks'te meydana gelen değişimdi.

These two dogs were entirely different when they were harnessed.

Bu iki köpek koşumlandığında tamamen farklıydı.

Their passiveness and lack of concern had completely disappeared.
Pasiflikleri ve umursamazlıkları tamamen ortadan kalkmıştı.
They were alert and active, and eager to do their work well.
Uyanık ve aktiftiler, işlerini iyi yapmaya istekliydiler.
They grew fiercely irritated at anything that caused delay or confusion.
Gecikmeye veya karışıklığa sebep olan her şeyden şiddetle rahatsız oluyorlardı.
The hard work on the reins was the center of their entire being.
Dizginlerdeki sıkı çalışma, tüm varlıklarının merkeziydi.
Sled pulling seemed to be the only thing they truly enjoyed.
Kızak çekmek gerçekten keyif aldıkları tek şey gibi görünüyordu.
Dave was at the back of the group, closest to the sled itself.
Dave grubun en arkasında, kızaklara en yakın olan kişiydi.
Buck was placed in front of Dave, and Solleks pulled ahead of Buck.
Buck, Dave'in önüne yerleştirildi ve Solleks, Buck'ın önüne geçti.
The rest of the dogs were strung out ahead in a single file.
Diğer köpekler tek sıra halinde ön tarafa dizilmişlerdi.
The lead position at the front was filled by Spitz.
Öndeki liderliği Spitz doldurdu.
Buck had been placed between Dave and Solleks for instruction.
Buck, eğitim için Dave ile Solleks'in arasına yerleştirilmişti.
He was a quick learner, and they were firm and capable teachers.
O çabuk öğrenen biriydi, onlar ise kararlı ve yetenekli öğretmenlerdi.
They never allowed Buck to remain in error for long.
Buck'ın uzun süre hata içinde kalmasına asla izin vermediler.
They taught their lessons with sharp teeth when needed.
Gerektiğinde keskin dişlerle derslerini veriyorlardı.
Dave was fair and showed a quiet, serious kind of wisdom.

Dave adil biriydi ve sessiz, ciddi bir bilgelik sergiliyordu.

He never bit Buck without a good reason to do so.

O, hiçbir zaman geçerli bir sebebi olmadan Buck'ı ısırmazdı.

But he never failed to bite when Buck needed correction.

Ama Buck'ın düzeltilmeye ihtiyacı olduğunda her zaman ısrarcıydı.

François's whip was always ready and backed up their authority.

François'nın kırbacı her zaman hazırdı ve onların otoritesini destekliyordu.

Buck soon found it was better to obey than to fight back.

Buck kısa sürede karşılık vermektense itaat etmenin daha iyi olduğunu anladı.

Once, during a short rest, Buck got tangled in the reins.

Bir gün, kısa bir dinlenme sırasında Buck dizginlere takıldı.

He delayed the start and confused the team's movement.

Başlangıcı geciktirdi ve takımın hareketini karıştırdı.

Dave and Solleks flew at him and gave him a rough beating.

Dave ve Solleks ona saldırdılar ve onu sert bir şekilde dövdüler.

The tangle only got worse, but Buck learned his lesson well.

Karmaşa daha da büyüdü ama Buck dersini iyi almıştı.

From then on, he kept the reins taut, and worked carefully.

O günden sonra dizginleri sıkı tuttu ve dikkatli çalıştı.

Before the day ended, Buck had mastered much of his task.

Gün bitmeden Buck görevinin çoğunu başarmıştı.

His teammates almost stopped correcting or biting him.

Takım arkadaşları neredeyse onu düzeltmeyi veya ısırmayı bırakmışlardı.

François's whip cracked through the air less and less often.

François'nın kırbacının havadaki şakırtısı giderek azaldı.

Perrault even lifted Buck's feet and carefully examined each paw.

Perrault, Buck'ın ayaklarını kaldırıp her bir patisini dikkatle inceledi.

It had been a hard day's run, long and exhausting for them all.

Hepsi için zorlu, uzun ve yorucu bir gün olmuştu.

They travelled up the Cañon, through Sheep Camp, and past the Scales.

Kanyon'dan yukarı doğru yol aldılar, Koyun Kampı'ndan geçtiler ve Teraziler'i geçtiler.

They crossed the timber line, then glaciers and snowdrifts many feet deep.

Orman sınırını geçtiler, sonra da metrelerce derinlikteki buzulları ve kar yığınlarını geçtiler.

They climbed the great cold and forbidding Chilkoot Divide.

Büyük, soğuk ve ürkütücü Chilkoot Bölgesi'ne tırmandılar.

That high ridge stood between salt water and the frozen interior.

O yüksek sırt, tuzlu su ile donmuş iç kısım arasında duruyordu.

The mountains guarded the sad and lonely North with ice and steep climbs.

Dağlar, hüzünlü ve yalnız Kuzey'i buzlarla ve dik yokuşlarla koruyordu.

They made good time down a long chain of lakes below the divide.

Su ayrımının altında uzanan uzun göller zincirinde iyi vakit geçirdiler.

Those lakes filled the ancient craters of extinct volcanoes.

Bu göller sönmüş yanardağların eski kraterlerini dolduruyordu.

Late that night, they reached a large camp at Lake Bennett.

Aynı gece geç saatlerde Bennett Gölü kıyısındaki büyük bir kampa ulaştılar.

Thousands of gold seekers were there, building boats for spring.

Binlerce altın arayıcısı oradaydı, bahar için tekneler inşa ediyorlardı.

The ice was going break up soon, and they had to be ready.

Buzlar yakında çözülecekti ve buna hazır olmaları gerekiyordu.

Buck dug his hole in the snow and fell into a deep sleep.

Buck karda bir çukur kazdı ve derin bir uykuya daldı.

He slept like a working man, exhausted from the harsh day of toil.

Zorlu bir günün yorgunluğuyla, işçi gibi uyuyordu.

But too early in the darkness, he was dragged from sleep.

Fakat karanlığın çok erken saatlerinde uykudan uyandırıldı.

He was harnessed with his mates again and attached to the sled.

Tekrar arkadaşlarıyla birlikte koşum takımına bağlandı ve kızaklara bağlandı.

That day they made forty miles, because the snow was well trodden.

O gün kırk mil yol yaptılar, çünkü kar iyice çiğnenmişti.

The next day, and for many days after, the snow was soft.

Ertesi gün ve ondan sonraki günler boyunca kar yumuşaktı.

They had to make the path themselves, working harder and moving slower.

Daha çok çalışarak ve daha yavaş hareket ederek yolu kendileri çizmek zorundaydılar.

Usually, Perrault walked ahead of the team with webbed snowshoes.

Perrault genellikle perdeli kar ayakkabılarıyla takımın önünde yürürdü.

His steps packed the snow, making it easier for the sled to move.

Adımları karı sıkıştırıyor, kızak hareketini kolaylaştırıyordu.

François, who steered from the gee-pole, sometimes took over.

Dümeni dümen direğinden yöneten François, bazen dümeni devralıyordu.

But it was rare that François took the lead

Ancak François'nın öne geçmesi nadirdi

because Perrault was in a rush to deliver the letters and parcels.

Çünkü Perrault mektupları ve paketleri ulaştırmak için acele ediyordu.

Perrault was proud of his knowledge of snow, and especially ice.
Perrault kar ve özellikle buz hakkındaki bilgisiyle gurur duyuyordu.
That knowledge was essential, because fall ice was dangerously thin.
Bu bilgi çok önemliydi çünkü sonbahar buzları tehlikeli derecede inceydi.
Where water flowed fast beneath the surface, there was no ice at all.
Suyun yüzeyin altında hızla aktığı yerlerde hiç buz yoktu.

Day after day, the same routine repeated without end.
Gün geçtikçe aynı rutin bitmek bilmeden tekrarlanıyordu.
Buck toiled endlessly in the reins from dawn until night.
Buck, şafak vakti akşama kadar dizginleri elinde durmadan çalıştırdı.
They left camp in the dark, long before the sun had risen.
Güneş doğmadan çok önce, karanlıkta kamptan ayrıldılar.
By the time daylight came, many miles were already behind them.
Gün ışıdığında, kilometrelerce yol geride kalmıştı.
They pitched camp after dark, eating fish and burrowing into snow.
Karanlık çöktükten sonra kamp kurup balık yiyorlar ve karın içine gömülüyorlar.
Buck was always hungry and never truly satisfied with his ration.
Buck her zaman açtı ve aldığı erzaktan asla tam anlamıyla memnun kalmıyordu.
He received a pound and a half of dried salmon each day.
Her gün bir buçuk kilo kurutulmuş somon alıyordu.
But the food seemed to vanish inside him, leaving hunger behind.
Ama içindeki yiyecek sanki yok olmuş, geride açlık kalmıştı.
He suffered from constant pangs of hunger, and dreamed of more food.

Sürekli açlık sancıları çekiyordu ve daha fazla yemek hayal ediyordu.

The other dogs got only one pound of food, but they stayed strong.

Diğer köpeklere sadece yarım kilo yiyecek verildi, ama onlar güçlü kaldılar.

They were smaller, and had been born into the northern life.

Daha küçüklerdi ve kuzey yaşamına doğmuşlardı.

He swiftly lost the fastidiousness which had marked his old life.

Eski yaşamına damgasını vuran titizliği hızla yitirdi.

He had been a dainty eater, but now that was no longer possible.

Eskiden çok nazik bir yiyiciydi ama artık bu mümkün değildi.

His mates finished first and robbed him of his unfinished ration.

Arkadaşları ondan önce bitirip, onun yarım kalan tayınını çaldılar.

Once they began there was no way to defend his food from them.

Bir kere başlayınca, yiyeceğini onlara karşı savunmanın bir yolu kalmadı.

While he fought off two or three dogs, the others stole the rest.

O iki üç köpeği kovalarken diğerleri geri kalanını çaldılar.

To fix this, he began eating as fast as the others ate.

Bunu düzeltmek için, diğerleri ne kadar hızlı yiyorsa o da o kadar hızlı yemeye başladı.

Hunger pushed him so hard that he even took food not his own.

Açlık onu öylesine bunaltmıştı ki, kendisine ait olmayan yiyecekleri bile yiyordu.

He watched the others and learned quickly from their actions.

Başkalarını izliyor ve onların davranışlarından hemen ders çıkarıyordu.

He saw Pike, a new dog, steal a slice of bacon from Perrault.

Yeni köpeği Pike'ın Perrault'dan bir dilim pastırma çaldığını gördü.

Pike had waited until Perrault's back was turned to steal the bacon.

Pike pastırmayı çalmak için Perrault'un sırtını dönmesini beklemişti.

The next day, Buck copied Pike and stole the whole chunk.

Ertesi gün Buck, Pike'ın taklidini yaptı ve tüm parçayı çaldı.

A great uproar followed, but Buck was not suspected.

Büyük bir kargaşa yaşandı ama Buck'tan şüphelenilmedi.

Dub, a clumsy dog who always got caught, was punished instead.

Her zaman yakalanan beceriksiz köpek Dub ise cezalandırıldı.

That first theft marked Buck as a dog fit to survive the North.

İlk hırsızlığı Buck'ın Kuzey'de hayatta kalabilecek bir köpek olduğunu kanıtladı.

He showed he could adapt to new conditions and learn quickly.

Yeni koşullara uyum sağlayabildiğini ve çabuk öğrenebildiğini gösterdi.

Without such adaptability, he would have died swiftly and badly.

Bu uyum yeteneği olmasaydı, çok hızlı ve kötü bir şekilde ölürdü.

It also marked the breakdown of his moral nature and past values.

Aynı zamanda onun ahlaki yapısının ve geçmiş değerlerinin de çöküşüne işaret ediyordu.

In the Southland, he had lived under the law of love and kindness.

Güney'de sevgi ve nezaketin kanunları altında yaşamıştı.

There it made sense to respect property and other dogs' feelings.

Bu noktada, mülkiyete ve diğer köpeklerin duygularına saygı göstermek mantıklıydı.

But the Northland followed the law of club and the law of fang.

Ama Kuzeyliler sopalı dövüş yasasını ve diş yasasını izliyordu.

Whoever respected old values here was foolish and would fail.

Burada eski değerlere saygı gösteren aptaldır ve başarısızlığa uğrayacaktır.

Buck did not reason all this out in his mind.

Buck bütün bunları kafasında tartıp çözemiyordu.

He was fit, and so he adjusted without needing to think.

Formda olduğu için düşünmeden uyum sağladı.

All his life, he had never run away from a fight.

Hayatı boyunca hiçbir kavgadan kaçmamıştı.

But the wooden club of the man in the red sweater changed that rule.

Ama kırmızı kazaklı adamın tahta sopası bu kuralı değiştirdi.

Now he followed a deeper, older code written into his being.

Artık varlığının derinliklerine yazılmış, daha eski bir kodu izliyordu.

He did not steal out of pleasure, but from the pain of hunger.

Zevkten değil, açlık acısından çalıyordu.

He never robbed openly, but stole with cunning and care.

Hiçbir zaman açıkça soygun yapmazdı, ama kurnazca ve dikkatlice çalardı.

He acted out of respect for the wooden club and fear of the fang.

Tahta sopaya duyduğu saygıdan, dişe duyduğu korkudan dolayı böyle davranmıştı.

In short, he did what was easier and safer than not doing it.

Kısacası, yapmamaktan daha kolay ve güvenli olanı yaptı.

His development — or perhaps his return to old instincts — was fast.

Gelişimi -ya da belki eski içgüdülerine dönüşü- hızlıydı.

His muscles hardened until they felt as strong as iron.

Kasları demir gibi sertleşti.

He no longer cared about pain, unless it was serious.

Artık acı umurunda değildi, ciddi olmadığı sürece.

He became efficient inside and out, wasting nothing at all.

İçeride ve dışarıda verimli oldu, hiçbir şeyi israf etmedi.

He could eat things that were vile, rotten, or hard to digest.

Kötü, çürümüş veya hazmı zor olan şeyleri yiyebilirdi.

Whatever he ate, his stomach used every last bit of value.

Ne yerse midesi onun son zerresini kullanıyordu.

His blood carried the nutrients far through his powerful body.

Kanı, besinleri güçlü bedeninin her yanına taşıyordu.

This built strong tissues that gave him incredible endurance.

Bu, ona inanılmaz bir dayanıklılık kazandıran güçlü dokular oluşturdu.

His sight and smell became much more sensitive than before.

Görme ve koku alma duyusu eskisinden çok daha hassas hale gelmişti.

His hearing grew so sharp he could detect faint sounds in sleep.

İşitme duyusu o kadar keskinleşmişti ki, uykusunda hafif sesleri bile duyabiliyordu.

He knew in his dreams whether the sounds meant safety or danger.

Rüyalarında seslerin güvenlik mi yoksa tehlike mi anlamına geldiğini biliyordu.

He learned to bite the ice between his toes with his teeth.

Ayak parmaklarının arasındaki buzu dişleriyle ısırmayı öğrendi.

If a water hole froze over, he would break the ice with his legs.

Bir su birikintisi donarsa, bacaklarıyla buzu kırardı.

He reared up and struck the ice hard with stiff front limbs.

Ayağa kalktı ve sert ön ayaklarıyla buza sertçe vurdu.

His most striking ability was predicting wind changes overnight.

En dikkat çekici yeteneği ise gece boyunca rüzgar değişimlerini tahmin etmesiydi.

Even when the air was still, he chose spots sheltered from wind.

Hava sakin olduğunda bile rüzgârdan korunaklı yerleri seçiyordu.

Wherever he dug his nest, the next day's wind passed him by.

Yuvasını nereye kazdıysa, ertesi günün rüzgârı yanından geçip gidiyordu.

He always ended up snug and protected, to leeward of the breeze.

O her zaman rüzgarın rüzgâraltı tarafında, güvende ve korunaklı bir yerde olurdu.

Buck not only learned by experience — his instincts returned too.

Buck sadece deneyimle öğrenmedi; içgüdüleri de geri geldi.

The habits of domesticated generations began to fall away.

Evcilleştirilmiş nesillerin alışkanlıkları azalmaya başladı.

In vague ways, he remembered the ancient times of his breed.

Belli belirsiz de olsa, kendi soyunun kadim zamanlarını hatırlıyordu.

He thought back to when wild dogs ran in packs through forests.

Vahşi köpeklerin sürüler halinde ormanlarda koştuğu zamanları düşündü.

They had chased and killed their prey while running it down.

Avlarını kovalarken yakalayıp öldürmüşlerdi.

It was easy for Buck to learn how to fight with tooth and speed.

Buck için dişle ve hızla dövüşmeyi öğrenmek kolaydı.

He used cuts, slashes, and quick snaps just like his ancestors.

Tıpkı ataları gibi kesme, eğik çizgi çekme ve hızlı fotoğraf çekme tekniklerini kullanıyordu.

Those ancestors stirred within him and awoke his wild nature.
İçindeki atalar harekete geçti ve vahşi doğasını uyandırdı.
Their old skills had passed into him through the bloodline.
Eski becerileri ona kan bağıyla geçmişti.
Their tricks were his now, with no need for practice or effort.
Artık onların hileleri onundu, pratik yapmaya veya çaba göstermeye gerek yoktu.

On still, cold nights, Buck lifted his nose and howled.
Sessiz ve soğuk gecelerde Buck burnunu kaldırıp uluyordu.
He howled long and deep, the way wolves had done long ago.
Uzun ve derin bir şekilde uluyordu, tıpkı kurtların uzun zaman önce yaptığı gibi.
Through him, his dead ancestors pointed their noses and howled.
Onun aracılığıyla ölmüş ataları burunlarını uzatıp uluyorlardı.
They howled down through the centuries in his voice and shape.
Yüzyıllar boyunca onun sesi ve şekliyle uludular.
His cadences were theirs, old cries that told of grief and cold.
Onun ahenkleri onlarındı, kederi ve soğuğu anlatan eski çığlıklar.
They sang of darkness, of hunger, and the meaning of winter.
Karanlığın, açlığın ve kışın anlamının şarkılarını söylediler.
Buck proved of how life is shaped by forces beyond oneself,
Buck, hayatın kişinin kendi dışındaki güçler tarafından nasıl şekillendirildiğini kanıtladı.
the ancient song rose through Buck and took hold of his soul.
kadim şarkı Buck'ın içinden yükselip ruhunu ele geçirdi.
He found himself because men had found gold in the North.
Kuzey'de altın bulan adamlar sayesinde kendini buldu.

And he found himself because Manuel, the gardener's helper, needed money.

Ve kendini buldu çünkü bahçıvanın yardımcısı Manuel'in paraya ihtiyacı vardı.

The Dominant Primordial Beast
Hakim İlkel Canavar

The dominant primordial beast was as strong as ever in Buck.
Buck'ın içindeki egemen ilkel canavar her zamanki gibi güçlüydü.

But the dominant primordial beast had lain dormant in him.
Ama egemen ilkel canavar onun içinde uykuda kalmıştı.

Trail life was harsh, but it strengthened beast inside Buck.
Patika hayatı zordu ama Buck'ın içindeki canavarı güçlendirdi.

Secretly the beast grew stronger and stronger every day.
Gizlice canavar her geçen gün daha da güçleniyordu.

But that inner growth stayed hidden to the outside world.
Ama o içsel büyüme dış dünyadan gizli kaldı.

A quiet and calm primordial force was building inside Buck.
Buck'ın içinde sessiz ve sakin bir ilkel güç oluşuyordu.

New cunning gave Buck balance, calm control, and poise.
Yeni kurnazlık Buck'a denge, sakinlik ve kontrol kazandırdı.

Buck focused hard on adapting, never feeling fully relaxed.
Buck, uyum sağlamaya çok odaklandı, ancak hiçbir zaman tam anlamıyla rahatlayamadığını hissetti.

He avoided conflict, never starting fights, nor seeking trouble.
Çatışmadan uzak durdu, asla kavga çıkarmadı, sorun yaratmaya çalışmadı.

A slow, steady thoughtfulness shaped Buck's every move.
Buck'ın her hareketini yavaş, istikrarlı bir düşüncelilik şekillendiriyordu.

He avoided rash choices and sudden, reckless decisions.
Aceleci tercihlerden ve ani, pervasız kararlardan kaçındı.

Though Buck hated Spitz deeply, he showed him no aggression.
Buck, Spitz'den çok nefret etmesine rağmen ona karşı hiçbir saldırganlık göstermedi.

Buck never provoked Spitz, and kept his actions restrained.

Buck, Spitz'i hiçbir zaman kışkırtmadı ve hareketlerini sınırladı.

Spitz, on the other hand, sensed the growing danger in Buck.

Spitz ise Buck'taki giderek artan tehlikeyi seziyordu.

He saw Buck as a threat and a serious challenge to his power.

Buck'ı bir tehdit ve iktidarına karşı ciddi bir meydan okuma olarak görüyordu.

He used every chance to snarl and show his sharp teeth.

Her fırsatta hırlayıp sivri dişlerini gösteriyordu.

He was trying to start the deadly fight that had to come.

Gelecek olan ölümcül mücadeleyi başlatmaya çalışıyordu.

Early in the trip, a fight nearly broke out between them.

Yolculuğun başlarında aralarında neredeyse kavga çıkacaktı.

But an unexpected accident stopped the fight from happening.

Ancak beklenmeyen bir kaza mücadeleyi engelledi.

That evening they set up camp on the bitterly cold Lake Le Barge.

O akşam, dondurucu soğuktaki Le Barge Gölü'nün kıyısına kamp kurdular.

The snow was falling hard, and the wind cut like a knife.

Kar çok şiddetli yağıyordu, rüzgar bıçak gibi kesiyordu.

The night had come too fast, and darkness surrounded them.

Gece çok çabuk çökmüştü ve etraflarını karanlık sarmıştı.

They could hardly have chosen a worse place for rest.

Dinlenmek için bundan daha kötü bir yer seçemezlerdi.

The dogs searched desperately for a place to lie down.

Köpekler çaresizce yatacak yer arıyorlardı.

A tall rock wall rose steeply behind the small group.

Küçük grubun arkasında dik bir kaya duvarı yükseliyordu.

The tent had been left behind in Dyea to lighten the load.

Çadır yükün hafiflemesi için Dyea'da bırakılmıştı.

They had no choice but to make the fire on the ice itself.

Ateşi buzun üzerinde yakmaktan başka çareleri yoktu.

They spread their sleeping robes directly on the frozen lake.

Uyku tulumlarını doğrudan donmuş gölün üzerine serdiler.

A few sticks of driftwood gave them a little bit of fire.

Birkaç dal parçası onlara biraz ateş verdi.

But the fire was built on the ice, and thawed through it.

Ama ateş buzun üzerine yakılmıştı ve buzun içinden geçerek eridi.

Eventually they were eating their supper in darkness.

Sonunda akşam yemeklerini karanlıkta yiyorlardı.

Buck curled up beside the rock, sheltered from the cold wind.

Buck, soğuk rüzgardan korunmak için kayanın yanına kıvrıldı.

The spot was so warm and safe that Buck hated to move away.

Orası o kadar sıcak ve güvenliydi ki Buck oradan ayrılmak istemiyordu.

But François had warmed the fish and was handing out rations.

Ama François balığı ısıtmıştı ve erzak dağıtıyordu.

Buck finished eating quickly, and returned to his bed.

Buck yemeğini çabucak bitirip yatağına döndü.

But Spitz was now laying where Buck had made his bed.

Ama Spitz şimdi Buck'ın yatağını yaptığı yerde yatıyordu.

A low snarl warned Buck that Spitz refused to move.

Alçak bir hırlama, Buck'ı Spitz'in hareket etmeyi reddettiği konusunda uyardı.

Until now, Buck had avoided this fight with Spitz.

Buck, şimdiye kadar Spitz'le olan bu kavgadan kaçınmıştı.

But deep inside Buck the beast finally broke loose.

Ama Buck'ın içinde canavar sonunda serbest kaldı.

The theft of his sleeping place was too much to tolerate.

Yattığı yerin çalınması tahammül edilemeyecek kadar büyük bir şeydi.

Buck launched himself at Spitz, full of anger and rage.

Buck öfke ve hiddetle Spitz'e doğru atıldı.

Up until not Spitz had thought Buck was just a big dog.

Spitz, o zamana kadar Buck'ın sadece büyük bir köpek olduğunu düşünüyordu.

He didn't think Buck had survived through his spirit.

Buck'ın ruhu sayesinde hayatta kalabildiğini düşünmüyordu.

He was expecting fear and cowardice, not fury and revenge.

Öfke ve intikam değil, korku ve korkaklık bekliyordu.

François stared as both dogs burst from the ruined nest.

François, iki köpeğin de harap yuvadan fırladığını görünce bakakaldı.

He understood at once what had started the wild struggle.

Vahşi mücadelenin nereden başladığını hemen anladı.

"A-a-ah!" François cried out in support of the brown dog.

"Aa-ah!" diye bağırdı François kahverengi köpeğe destek olmak için.

"Give him a beating! By God, punish that sneaky thief!"

"Dayak atın şuna! Vallahi o sinsi hırsızı cezalandırın!"

Spitz showed equal readiness and wild eagerness to fight.

Spitz de aynı derecede hazır olma ve vahşi bir savaşma isteği gösterdi.

He cried out in rage while circling fast, seeking an opening.

Hızla daireler çizerek bir açıklık ararken öfkeyle haykırdı.

Buck showed the same hunger to fight, and the same caution.

Buck aynı savaş açlığını ve aynı temkinliliği gösteriyordu.

He circled his opponent as well, trying to gain the upper hand in battle.

O da rakibini çevreleyerek savaşta üstünlük sağlamaya çalışıyordu.

Then something unexpected happened and changed everything.

Sonra beklenmedik bir şey oldu ve her şey değişti.

That moment delayed the eventual fight for the leadership.

İşte o an liderlik mücadelesinin ertelenmesine sebep oldu.

Many miles of trail and struggle still waited before the end.

Sonuna kadar daha kilometrelerce patika ve mücadele bizi bekliyordu.

Perrault shouted an oath as a club smacked against bone.

Sopanın kemiğe çarpmasıyla Perrault bir küfür savurdu.

A sharp yelp of pain followed, then chaos exploded all around.

Ardından keskin bir acı çığlığı duyuldu, ardından her tarafta kaos patlak verdi.

Dark shapes moved in camp; wild huskies, starved and fierce.

Kampta karanlık şekiller hareket ediyordu; aç ve vahşi Sibirya kurtları.

Four or five dozen huskies had sniffed the camp from far away.

Dört-beş düzine Sibirya kurdu uzaklardan kampın kokusunu almıştı.

They had crept in quietly while the two dogs fought nearby.

Yakınlarda iki köpek kavga ederken sessizce içeriye girmişlerdi.

François and Perrault charged, swinging clubs at the invaders.

François ve Perrault, işgalcilere sopalarla saldırdılar.

The starving huskies showed teeth and fought back in frenzy.

Açlıktan ölmek üzere olan Sibirya kurtları dişlerini göstererek çılgınca mücadele ettiler.

The smell of meat and bread had driven them past all fear.

Et ve ekmek kokusu onları tüm korkularından kurtarmıştı.

Perrault beat a dog that had buried its head in the grub-box.

Perrault, kafasını yiyecek kutusuna gömen bir köpeği dövdü.

The blow hit hard, and the box flipped, food spilling out.

Darbe sert oldu ve kutu devrilip içindeki yiyecekler döküldü.

In seconds, a score of wild beasts tore into the bread and meat.

Birkaç saniye içinde onlarca vahşi hayvan ekmeği ve eti parçalamaya başladı.

The men's clubs landed blow after blow, but no dog turned away.

Erkeklerin sopaları ardı ardına darbeler indirdi, ancak hiçbir köpek geri dönmedi.

They howled in pain, but fought until no food remained.

Acı içinde uluyorlardı, ama yiyecek kalmayana kadar savaşıyorlardı.

Meanwhile, the sled-dogs had jumped from their snowy beds.

Bu arada kızak köpekleri karlı yataklarından atlamışlardı.

They were instantly attacked by the vicious hungry huskies.

Anında vahşi ve aç Sibirya kurtlarının saldırısına uğradılar.

Buck had never seen such wild and starved creatures before.

Buck daha önce hiç bu kadar vahşi ve aç yaratıklar görmemişti.

Their skin hung loose, barely hiding their skeletons.

Derileri sarkıyordu, iskeletlerini zar zor gizliyordu.

There was a fire in their eyes, from hunger and madness

Gözlerinde açlıktan ve delilikten bir ateş vardı

There was no stopping them; no resisting their savage rush.

Onları durdurmanın, vahşi saldırılarına karşı koymanın bir yolu yoktu.

The sled-dogs were shoved back, pressed against the cliff wall.

Kızak köpekleri geriye doğru itilerek uçurum duvarına sıkıştırıldılar.

Three huskies attacked Buck at once, tearing into his flesh.

Üç Sibirya kurdu aynı anda Buck'a saldırdı ve etini parçaladı.

Blood poured from his head and shoulders, where he'd been cut.

Başından ve omuzlarından kesildiği yerden kanlar akıyordu.

The noise filled the camp; growling, yelps, and cries of pain.

Gürültü kampı doldurdu; hırlamalar, ciyaklamalar ve acı dolu çığlıklar.

Billee cried loudly, as usual, caught in the fray and panic.

Billee her zamanki gibi, kavga ve paniğe kapılarak yüksek sesle ağladı.

Dave and Solleks stood side by side, bleeding but defiant.

Dave ve Solleks yan yana duruyorlardı, kanıyorlardı ama meydan okuyorlardı.

Joe fought like a demon, biting anything that came close.

Joe şeytan gibi dövüşüyor, yaklaşan her şeyi ısırıyordu.

He crushed a husky's leg with one brutal snap of his jaws.

Çenesinin tek bir vahşice şaklamasıyla bir Sibirya kurdunun bacağını ezdi.

Pike jumped on the wounded husky and broke its neck instantly.

Pike yaralı köpeğin üzerine atladı ve boynunu anında kırdı.

Buck caught a husky by the throat and ripped through the vein.

Buck, bir Sibirya kurdunun boğazını yakaladı ve damarını parçaladı.

Blood sprayed, and the warm taste drove Buck into a frenzy.

Kan fışkırdı ve sıcak tat Buck'ı çılgına çevirdi.

He hurled himself at another attacker without hesitation.

Hiç tereddüt etmeden diğer saldırgana doğru atıldı.

At the same moment, sharp teeth dug into Buck's own throat.

Aynı anda keskin dişler Buck'ın boğazına saplandı.

Spitz had struck from the side, attacking without warning.

Spitz, uyarıda bulunmadan yan taraftan saldırmıştı.

Perrault and François had defeated the dogs stealing the food.

Perrault ve François, yiyecekleri çalan köpekleri yenmişlerdi.

Now they rushed to help their dogs fight back the attackers.

Şimdi saldırganlara karşı koymak için köpeklerine yardıma koştular.

The starving dogs retreated as the men swung their clubs.

Adamlar sopalarını sallayınca aç köpekler geri çekildi.

Buck broke free from the attack, but the escape was brief.

Buck saldırıdan kurtuldu ancak kaçışı kısa sürdü.

The men ran to save their dogs, and the huskies swarmed again.

Adamlar köpeklerini kurtarmak için koşuştururken, Sibirya kurdu tekrar üşüştü.

Billee, frightened into bravery, leapt into the pack of dogs.

Billee korkudan cesaret bularak köpek sürüsünün içine atladı.

But then he fled across the ice, in raw terror and panic.

Ama sonra büyük bir korku ve panik içinde buzun üzerinden kaçmaya başladı.

Pike and Dub followed close behind, running for their lives.

Pike ve Dub da canlarını kurtarmak için hemen arkalarından koştular.

The rest of the team broke and scattered, following after them.

Takımın geri kalanı da dağılıp onları takip etti.

Buck gathered his strength to run, but then saw a flash.

Buck koşmak için gücünü topladı ama sonra bir ışık gördü.

Spitz lunged at Buck's side, trying to knock him to the ground.

Spitz, Buck'ın yanına atılarak onu yere sermeye çalıştı.

Under that mob of huskies, Buck would have had no escape.

Buck'ın o Sibirya kurdu sürüsü altında kaçması mümkün değildi.

But Buck stood firm and braced for the blow from Spitz.

Ama Buck, Spitz'in darbesine karşı dik durdu ve kendini hazırladı.

Then he turned and ran out onto the ice with the fleeing team.

Daha sonra dönüp kaçan takımla birlikte buzun üzerine koştu.

Later, the nine sled-dogs gathered in the shelter of the woods.

Daha sonra dokuz kızak köpeği ormanın sığınağında toplandılar.

No one chased them anymore, but they were battered and wounded.

Artık onları kovalayan yoktu ama darp edilmişlerdi, yaralanmışlardı.

Each dog had wounds; four or five deep cuts on every body.

Her köpeğin yaraları vardı; her birinin vücudunda dört veya beş derin kesik vardı.

Dub had an injured hind leg and struggled to walk now.

Dub'ın arka bacağında bir sakatlık vardı ve artık yürümekte zorlanıyordu.

Dolly, the newest dog from Dyea, had a slashed throat.
Dyea'nın en yeni köpeği Dolly'nin boğazı kesilmişti.
Joe had lost an eye, and Billee's ear was cut to pieces
Joe bir gözünü kaybetmişti ve Billee'nin kulağı parçalanmıştı
All the dogs cried in pain and defeat through the night.
Bütün köpekler gece boyunca acı ve yenilgiyle ağladılar.
At dawn they crept back to camp, sore and broken.
Şafak vakti yaralı ve bitkin bir halde kampa geri döndüler.
The huskies had vanished, but the damage had been done.
Sibirya kurdu köpekleri kaybolmuştu ama asıl zarar
verilmişti.
Perrault and François stood in foul moods over the ruin.
Perrault ve François harabenin başında sinirli sinirli
duruyorlardı.
Half of the food was gone, snatched by the hungry thieves.
Aç hırsızlar yiyeceklerin yarısını kapmışlardı.
The huskies had torn through sled bindings and canvas.
Kızak köpekleri kızak bağlarını ve brandaları parçalamıştı.
**Anything with a smell of food had been devoured
completely.**
Yemek kokusu olan her şey tamamen yenmişti.
They ate a pair of Perrault's moose-hide traveling boots.
Perrault'un geyik derisinden yapılmış seyahat çizmelerinden
bir çiftini yediler.
They chewed leather reis and ruined straps beyond use.
Deri reisleri çiğnediler ve kayışları kullanılamaz hale
getirdiler.
François stopped staring at the torn lash to check the dogs.
François kopan kirpiğe bakmayı bırakıp köpekleri kontrol etti.
**"Ah, my friends," he said, his voice low and filled with
worry.**
"Ah, dostlarım," dedi, sesi alçak ve endişe doluydu.
"Maybe all these bites will turn you into mad beasts."
"Belki de bütün bu ısırıklar sizi çılgın canavarlara
dönüştürecek."
**"Maybe all mad dogs, sacredam! What do you think,
Perrault?"**

"Belki de hepsi deli köpekler, sacredam! Sen ne düşünüyorsun, Perrault?"

Perrault shook his head, eyes dark with concern and fear.

Perrault başını iki yana salladı, gözleri endişe ve korkuyla kararmıştı.

Four hundred miles still lay between them and Dawson.

Onlarla Dawson arasında hâlâ dört yüz mil mesafe vardı.

Dog madness now could destroy any chance of survival.

Artık köpek çılgınlığı hayatta kalma şansını yok edebilir.

They spent two hours swearing and trying to fix the gear.

İki saat küfür edip teçhizatı tamir etmeye çalıştılar.

The wounded team finally left the camp, broken and defeated.

Yaralı tim sonunda dağılmış ve yenik bir halde kamptan ayrıldı.

This was the hardest trail yet, and each step was painful.

Bu şimdiye kadarki en zor parkurdu ve her adımı acı vericiydi.

The Thirty Mile River had not frozen, and was rushing wildly.

Otuz Mil Nehri donmamıştı ve çılgınca akıyordu.

Only in calm spots and swirling eddies did ice manage to hold.

Buz, yalnızca sakin noktalarda ve girdaplı yerlerde tutunmayı başardı.

Six days of hard labor passed until the thirty miles were done.

Otuz mil tamamlanana kadar altı gün boyunca zorlu bir çalışma yapıldı.

Each mile of the trail brought danger and the threat of death.

Yolun her bir mili tehlike ve ölüm tehdidi taşıyordu.

The men and dogs risked their lives with every painful step.

Adamlar ve köpekler her acı dolu adımda hayatlarını tehlikeye atıyorlardı.

Perrault broke through thin ice bridges a dozen different times.

Perrault ince buz köprülerini bir düzineden fazla kez aştı.

He carried a pole and let it fall across the hole his body made.

Bir sırık alıp vücudunun açtığı deliğin üzerine düşürdü.

More than once did that pole save Perrault from drowning.

O direk Perrault'u birçok kez boğulmaktan kurtardı.

The cold snap held firm, the air was fifty degrees below zero.

Soğuk hava etkisini sürdürüyordu, hava sıfırın altında elli dereceydi.

Every time he fell in, Perrault had to light a fire to survive.

Perrault her düştüğünde hayatta kalmak için ateş yakmak zorunda kalıyordu.

Wet clothing froze fast, so he dried them near blazing heat.

Islak elbiseler çabuk donuyordu, bu yüzden onları yakıcı sıcağın yanında kurutuyordu.

No fear ever touched Perrault, and that made him a courier.

Perrault'un hiçbir zaman korkusu olmadı ve bu onu bir kurye yaptı.

He was chosen for danger, and he met it with quiet resolve.

Tehlike için seçilmişti ve o, bu tehlikeyi sessiz bir kararlılıkla karşıladı.

He pressed forward into wind, his shriveled face frostbitten.

Rüzgâra doğru ilerledi, buruşmuş yüzü donmuştu.

From faint dawn to nightfall, Perrault led them onward.

Perrault, şafak vakti karanlık çökene kadar onları ileriye doğru götürdü.

He walked on narrow rim ice that cracked with every step.

Her adımda çatlayan dar buz kütlesinin üzerinde yürüyordu.

They dared not stop—each pause risked a deadly collapse.

Durmaya cesaret edemiyorlardı; her duraklama ölümcül bir çöküşe yol açma tehlikesi taşıyordu.

One time the sled broke through, pulling Dave and Buck in.

Bir keresinde kızak kırılarak Dave ve Buck'ı içeri çekti.

By the time they were dragged free, both were near frozen.

Serbest bırakıldıklarında ikisi de neredeyse donmuştu.

The men built a fire quickly to keep Buck and Dave alive.

Adamlar Buck ve Dave'i hayatta tutmak için hemen ateş yaktılar.

The dogs were coated in ice from nose to tail, stiff as carved wood.

Köpekler burunlarından kuyruklarına kadar buzla kaplıydı, oyulmuş tahta kadar serttiler.

The men ran them in circles near the fire to thaw their bodies.

Adamlar, vücutlarının erimesini sağlamak için onları ateşin etrafında daireler çizerek koşturuyorlardı.

They came so close to the flames that their fur was singed.

Alevlere o kadar yaklaştılar ki, tüyleri yandı.

Spitz broke through the ice next, dragging in the team behind him.

Spitz daha sonra buzları kırarak arkasındaki takımı da içeri çekti.

The break reached all the way up to where Buck was pulling.

Kopuş Buck'ın çektiği yere kadar uzanıyordu.

Buck leaned back hard, paws slipping and trembling on the edge.

Buck sertçe geriye yaslandı, pençeleri kenarda kayıyor ve titriyordu.

Dave also strained backward, just behind Buck on the line.

Dave de Buck'ın hemen arkasında çizgide geriye doğru zorlandı.

François hauled on the sled, his muscles cracking with effort.

François kızakla çekişirken kasları çabadan çatırdıyordu.

Another time, rim ice cracked before and behind the sled.

Başka bir sefer de kızak önünde ve arkasında buzlar çatladı.

They had no way out except to climb a frozen cliff wall.

Donmuş bir uçurum duvarına tırmanmaktan başka çıkış yolları yoktu.

Perrault somehow climbed the wall; a miracle kept him alive.

Perrault bir şekilde duvarı tırmanmayı başardı; bir mucize onu hayatta tuttu.

François stayed below, praying for the same kind of luck.
François aşağıda kaldı ve aynı şansın kendisi için de geçerli olması için dua etti.

They tied every strap, lashing, and trace into one long rope.
Her kayışı, bağı ve izi tek bir uzun ipe bağladılar.

The men hauled each dog up, one at a time to the top.
Adamlar her köpeği teker teker yukarı doğru çektiler.

François climbed last, after the sled and the entire load.
François, kızak ve tüm yükün ardından en son tırmanan oldu.

Then began a long search for a path down from the cliffs.
Sonra uçurumlardan aşağı inecek bir yol bulmak için uzun bir arayış başladı.

They finally descended using the same rope they had made.
En sonunda yaptıkları ipi kullanarak aşağı indiler.

Night fell as they returned to the riverbed, exhausted and sore.
Yorgun ve bitkin bir halde nehir yatağına döndüklerinde gece olmuştu.

They had taken a full day to cover only a quarter of a mile.
Sadece çeyrek mil yol kat etmek için tam bir gün harcamışlardı.

By the time they reached the Hootalinqua, Buck was worn out.
Hootalinqua'ya vardıklarında Buck bitkin düşmüştü.

The other dogs suffered just as badly from the trail conditions.
Diğer köpekler de parkur koşullarından en az onlar kadar etkilendi.

But Perrault needed to recover time, and pushed them on each day.
Ancak Perrault'un zamana ihtiyacı vardı ve onları her gün zorluyordu.

The first day they traveled thirty miles to Big Salmon.
İlk gün otuz mil uzaklıktaki Big Salmon'a doğru yola çıktılar.

The next day they travelled thirty-five miles to Little Salmon.

Ertesi gün otuz beş mil yol kat ederek Little Salmon'a ulaştılar.

On the third day they pushed through forty long frozen miles.

Üçüncü gün kırk uzun, donmuş mil boyunca yol aldılar.

By then, they were nearing the settlement of Five Fingers.

Artık Beş Parmak yerleşimine yaklaşıyorlardı.

Buck's feet were softer than the hard feet of native huskies.

Buck'ın ayakları yerli Sibirya kurdunun sert ayaklarından daha yumuşaktı.

His paws had grown tender over many civilized generations.

Pençeleri birçok medeni nesil boyunca yumuşamıştı.

Long ago, his ancestors had been tamed by river men or hunters.

Çok eskiden ataları nehir adamları veya avcılar tarafından evcilleştirilmişti.

Every day Buck limped in pain, walking on raw, aching paws.

Buck her gün acı içinde topallıyor, ağrıyan patileriyle yürüyordu.

At camp, Buck dropped like a lifeless form upon the snow.

Kampta Buck cansız bir beden gibi karın üzerine yığıldı.

Though starving, Buck did not rise to eat his evening meal.

Buck açlıktan ölmek üzere olmasına rağmen akşam yemeğini yemeye kalkmadı.

François brought Buck his ration, laying fish by his muzzle.

François, Buck'a erzakını getirdi ve balığı onun ağzına koydu.

Each night the driver rubbed Buck's feet for half an hour.

Şoför her gece Buck'ın ayaklarını yarım saat ovuyordu.

François even cut up his own moccasins to make dog footwear.

François, köpek ayakkabıları yapmak için kendi mokasenlerini bile kesiyordu.

Four warm shoes gave Buck a great and welcome relief.

Dört sıcak ayakkabı Buck'a büyük ve hoş bir rahatlama sağladı.

One morning, François forgot the shoes, and Buck refused to rise.

Bir sabah François ayakkabılarını unutmuştu ve Buck kalkmayı reddetti.

Buck lay on his back, feet in the air, waving them pitifully.

Buck sırtüstü yatıyordu, ayakları havadaydı ve acınası bir şekilde onları sallıyordu.

Even Perrault grinned at the sight of Buck's dramatic plea.

Buck'ın bu dramatik yalvarışı karşısında Perrault bile sırıttı.

Soon Buck's feet grew hard, and the shoes could be discarded.

Kısa süre sonra Buck'ın ayakları sertleşti ve ayakkabılar atılmak zorunda kaldı.

At Pelly, during harness time, Dolly let out a dreadful howl.

Pelly'de, koşum zamanı Dolly korkunç bir uluma sesi çıkardı.

The cry was long and filled with madness, shaking every dog.

Çığlık uzun ve çılgıncaydı, her köpeği sarsıyordu.

Each dog bristled in fear without knowing the reason.

Her köpek nedenini bilmeden korkudan kıpırdanıyordu.

Dolly had gone mad and hurled herself straight at Buck.

Dolly çılgına dönmüştü ve kendini Buck'a doğru fırlattı.

Buck had never seen madness, but horror filled his heart.

Buck deliliği hiç görmemişti ama yüreği dehşetle doluydu.

With no thought, he turned and fled in absolute panic.

Hiç düşünmeden dönüp panik içinde kaçtı.

Dolly chased him, her eyes wild, saliva flying from her jaws.

Dolly onu kovalıyordu, gözleri çılgınca açılmıştı, çenesinden salyalar akıyordu.

She kept right behind Buck, never gaining and never falling back.

Buck'ın hemen arkasında kaldı, ne ona yetişebildi ne de geriye düşebildi.

Buck ran through woods, down the island, across jagged ice.

Buck ormanın içinden, adanın aşağısına, engebeli buzların üzerinden koşarak geçti.

He crossed to an island, then another, circling back to the river.

Önce bir adaya, sonra bir başka adaya geçti ve nehre geri döndü.

Still Dolly chased him, her growl close behind at every step.

Dolly hâlâ onu kovalıyordu, her adımda hırlaması hemen arkasından geliyordu.

Buck could hear her breath and rage, though he dared not look back.

Buck onun nefesini ve öfkesini duyabiliyordu ama geriye bakmaya cesaret edemiyordu.

François shouted from afar, and Buck turned toward the voice.

François uzaktan bağırdı ve Buck sese doğru döndü.

Still gasping for air, Buck ran past, placing all hope in François.

Hala nefes almaya çalışan Buck, tüm umudunu François'ya bağlayarak koşarak yanından geçti.

The dog-driver raised an axe and waited as Buck flew past.

Köpek sürücüsü baltasını kaldırdı ve Buck'ın uçarak geçmesini bekledi.

The axe came down fast and struck Dolly's head with deadly force.

Balta hızla indi ve Dolly'nin kafasına ölümcül bir güçle çarptı.

Buck collapsed near the sled, wheezing and unable to move.

Buck kızak yakınında yere yığıldı, hırıltılı bir şekilde soluk alıp veriyordu ve hareket edemiyordu.

That moment gave Spitz his chance to strike an exhausted foe.

İşte o an Spitz'e yorgun düşmüş rakibine saldırma şansı verdi.

Twice he bit Buck, ripping flesh down to the white bone.

Buck'ı iki kez ısırdı, eti beyaz kemiğe kadar parçaladı.

François's whip cracked, striking Spitz with full, furious force.

François'nın kırbacı şakladı ve Spitz'e tüm gücüyle, öfkeyle çarptı.

Buck watched with joy as Spitz received his harshest beating yet.

Buck, Spitz'in bugüne kadar gördüğü en sert dayağı sevinçle izledi.

"He's a devil, that Spitz," Perrault muttered darkly to himself.

"Şu Spitz bir şeytan," diye mırıldandı Perrault kendi kendine.

"Someday soon, that cursed dog will kill Buck—I swear it."

"Yakında o lanet köpek Buck'ı öldürecek, yemin ederim."

"That Buck has two devils in him," François replied with a nod.

"Bu Buck'ın içinde iki şeytan var," diye cevapladı François başını sallayarak.

"When I watch Buck, I know something fierce waits in him."

"Buck'ı izlediğimde, içinde vahşi bir şeyin beklediğini biliyorum."

"One day, he'll get mad as fire and tear Spitz to pieces."

"Bir gün ateş gibi öfkelenecek ve Spitz'i parçalara ayıracak."

"He'll chew that dog up and spit him on the frozen snow."

"O köpeği çiğneyip donmuş karın üzerine tükürecek."

"Sure as anything, I know this deep in my bones."

"Her şeyden önce bunu içimde hissediyorum."

From that moment forward, the two dogs were locked in war.

O andan itibaren iki köpek arasında bir savaş başladı.

Spitz led the team and held power, but Buck challenged that.

Spitz takımın başındaydı ve iktidarı elinde tutuyordu, ancak Buck buna meydan okudu.

Spitz saw his rank threatened by this odd Southland stranger.

Spitz, rütbesinin bu tuhaf Güneyli yabancı tarafından tehdit edildiğini gördü.

Buck was unlike any southern dog Spitz had known before.

Buck, Spitz'in daha önce tanıdığı güneyli köpeklerin hiçbirine benzemiyordu.

Most of them failed—too weak to live through cold and hunger.

Çoğu başarısız oldu; soğuk ve açlığa dayanamayacak kadar zayıftılar.

They died fast under labor, frost, and the slow burn of famine.

Çalışmanın, donun ve kıtlığın yavaş yavaş getirdiği acıların altında hızla öldüler.

Buck stood apart—stronger, smarter, and more savage each day.

Buck diğerlerinden farklıydı; her geçen gün daha güçlü, daha akıllı ve daha vahşi oluyordu.

He thrived on hardship, growing to match the northern huskies.

Zorluklara göğüs gererek kuzeydeki Sibirya kurtlarıyla boy ölçüşecek kadar büyüdü.

Buck had strength, wild skill, and a patient, deadly instinct.

Buck'ın gücü, vahşi becerisi ve sabırlı, ölümcül bir içgüdüsü vardı.

The man with the club had beaten rashness out of Buck.

Sopalı adam Buck'ın pervasızlığını döverek gidermişti.

Blind fury was gone, replaced by quiet cunning and control.

Kör öfke gitmiş, yerini sessiz kurnazlık ve kontrol almıştı.

He waited, calm and primal, watching for the right moment.

Sakin ve ilkel bir şekilde bekledi, doğru anı bekledi.

Their fight for command became unavoidable and clear.

Komuta mücadeleleri kaçınılmaz ve açık hale gelmişti.

Buck desired leadership because his spirit demanded it.

Buck liderliği istiyordu çünkü ruhu bunu gerektiriyordu.

He was driven by the strange pride born of trail and harness.

O, iz ve koşumdan doğan tuhaf bir gururla hareket ediyordu.

That pride made dogs pull till they collapsed on the snow.

O gurur, köpekleri karda yığılıncaya kadar çekiştiriyordu.

Pride lured them into giving all the strength they had.

Gurur onları, ellerindeki bütün gücü vermeye yöneltti.

Pride can lure a sled-dog even to the point of death.
Kibir, kızak köpeğini ölüme kadar sürükleyebilir.
Losing the harness left dogs broken and without purpose.
Tasmayı kaybetmek köpekleri kırgın ve amaçsız bıraktı.
The heart of a sled-dog can be crushed by shame when they retire.
Bir kızak köpeğinin yüreği emekliye ayrıldığında utançtan kırılabilir.
Dave lived by that pride as he dragged the sled from behind.
Dave kızakları arkadan çekerken bu gururla yaşıyordu.
Solleks, too, gave his all with grim strength and loyalty.
Solleks de tüm gücüyle ve sadakatiyle elinden geleni yaptı.
Each morning, pride turned them from bitter to determined.
Her sabah gurur onları öfkeden kararlılığa dönüştürüyordu.
They pushed all day, then dropped silent at the camp's end.
Bütün gün itişip kakıştılar, sonra kampın sonuna vardıklarında sessizliğe gömüldüler.
That pride gave Spitz the strength to beat shirkers into line.
Bu gurur Spitz'e, tembellik edenleri hizaya getirme gücünü verdi.
Spitz feared Buck because Buck carried that same deep pride.
Spitz, Buck'tan korkuyordu çünkü Buck da aynı derin gururu taşıyordu.
Buck's pride now stirred against Spitz, and he did not stop.
Buck'ın gururu artık Spitz'e karşı kabarıyordu ve o durmadı.
Buck defied Spitz's power and blocked him from punishing dogs.
Buck, Spitz'in gücüne meydan okudu ve onun köpekleri cezalandırmasını engelledi.
When others failed, Buck stepped between them and their leader.
Diğerleri başarısız olduğunda Buck, onlarla liderlerinin arasına girdi.
He did this with intent, making his challenge open and clear.

Bunu kasıtlı olarak yaptı, meydan okumasını açık ve net bir şekilde dile getirdi.

On one night heavy snow blanketed the world in deep silence.

Bir gece, yoğun bir kar yağışı dünyayı derin bir sessizliğe boğdu.

The next morning, Pike, lazy as ever, did not rise for work.

Ertesi sabah Pike her zamanki gibi tembeldi ve işe gitmek için kalkmadı.

He stayed hidden in his nest beneath a thick layer of snow.

Kalın bir kar tabakasının altındaki yuvasında saklı duruyordu.

François called out and searched, but could not find the dog.

François seslenip aradı ama köpeği bulamadı.

Spitz grew furious and stormed through the snow-covered camp.

Spitz öfkelendi ve karla kaplı kampa doğru ilerledi.

He growled and sniffed, digging madly with blazing eyes.

Hırladı, kokladı, parlayan gözleriyle çılgınca kazdı.

His rage was so fierce that Pike shook under the snow in fear.

Öfkesi o kadar şiddetliydi ki Pike korkudan kar altında titriyordu.

When Pike was finally found, Spitz lunged to punish the hiding dog.

Pike sonunda bulunduğunda, Spitz saklanan köpeği cezalandırmak için harekete geçti.

But Buck sprang between them with a fury equal to Spitz's own.

Ama Buck, Spitz'inkine eşit bir öfkeyle aralarına atıldı.

The attack was so sudden and clever that Spitz fell off his feet.

Saldırı o kadar ani ve akıllıcaydı ki Spitz'in ayakları yerden kesildi.

Pike, who had been shaking, took courage from this defiance.

Titreyen Pike, bu meydan okumadan cesaret aldı.

He leapt on the fallen Spitz, following Buck's bold example.

Buck'ın cesur örneğini izleyerek yere düşen Spitz'in üzerine atladı.

Buck, no longer bound by fairness, joined the strike on Spitz.

Artık adalet duygusuyla bağlı olmayan Buck, Spitz'e yapılan greve katıldı.

François, amused yet firm in discipline, swung his heavy lash.

François, eğlenerek ama disiplinli bir şekilde ağır kırbacını savurdu.

He struck Buck with all his strength to break up the fight.

Kavgayı ayırmak için Buck'a tüm gücüyle vurdu.

Buck refused to move and stayed atop the fallen leader.

Buck hareket etmeyi reddetti ve düşen liderin tepesinde kaldı.

François then used the whip's handle, hitting Buck hard.

François daha sonra kırbacın sapını kullanarak Buck'a sert bir darbe indirdi.

Staggering from the blow, Buck fell back under the assault.

Darbenin etkisiyle sendeleyen Buck, saldırının etkisiyle geriye düştü.

François struck again and again while Spitz punished Pike.

François defalarca vururken Spitz, Pike'ı cezalandırıyordu.

Days passed, and Dawson City grew nearer and nearer.

Günler geçiyordu ve Dawson City giderek yaklaşıyordu.

Buck kept interfering, slipping between Spitz and other dogs.

Buck, Spitz ile diğer köpeklerin arasına girerek sürekli müdahale ediyordu.

He chose his moments well, always waiting for François to leave.

Anları iyi seçiyordu, François'nın gitmesini bekliyordu hep.

Buck's quiet rebellion spread, and disorder took root in the team.

Buck'ın sessiz isyanı yayıldı ve ekipte düzensizlik kök saldı.

Dave and Solleks stayed loyal, but others grew unruly.

Dave ve Solleks sadık kaldılar, ancak diğerleri asileştiler.

The team grew worse—restless, quarrelsome, and out of line.

Takım giderek kötüleşiyordu; huzursuz, kavgacı ve çizgiyi aşan bir hale gelmişti.

Nothing worked smoothly anymore, and fights became common.

Artık hiçbir şey yolunda gitmiyordu ve kavgalar yaygınlaşmıştı.

Buck stayed at the heart of the trouble, always provoking unrest.

Buck, her zaman huzursuzluk yaratarak sorunların merkezinde yer aldı.

François stayed alert, afraid of the fight between Buck and Spitz.

François, Buck ile Spitz arasındaki kavgadan korkarak tetikte bekliyordu.

Each night, scuffles woke him, fearing the beginning finally arrived.

Her gece çıkan arbedeler onu uyandırıyordu, başlangıcın nihayet geldiğinden korkuyordu.

He leapt from his robe, ready to break up the fight.

Cüppesini çıkarıp kavgayı ayırmaya hazırlandı.

But the moment never came, and they reached Dawson at last.

Ama o an hiç gelmedi ve sonunda Dawson'a ulaştılar.

The team entered the town one bleak afternoon, tense and quiet.

Ekip, kasvetli bir öğleden sonra, gergin ve sessiz bir şekilde kasabaya girdi.

The great battle for leadership still hung in the frozen air.

Liderlik için verilen büyük mücadele hâlâ buz gibi havada asılı duruyordu.

Dawson was full of men and sled-dogs, all busy with work.

Dawson, hepsi işleriyle meşgul adamlar ve kızak köpekleriyle doluydu.

Buck watched the dogs pull loads from morning until night.

Buck, köpeklerin sabahın erken saatlerinden akşama kadar yük çekmesini izliyordu.

They hauled logs and firewood, freighted supplies to the mines.

Odun ve odun taşıdılar, madenlere malzeme taşıdılar.

Where horses once worked in the Southland, dogs now labored.

Bir zamanlar Güney'de atların çalıştığı yerde, artık köpekler çalışıyordu.

Buck saw some dogs from the South, but most were wolf-like huskies.

Buck, Güney'den gelen bazı köpekler gördü, ama çoğu kurt benzeri Sibirya kurduydu.

At night, like clockwork, the dogs raised their voices in song.

Geceleri, her zamanki gibi, köpekler şarkı söyleyerek seslerini yükseltiyorlardı.

At nine, at midnight, and again at three, the singing began.

Saat dokuzda, gece yarısı, sonra yine üçte şarkı söylemeye başladık.

Buck loved joining their eerie chant, wild and ancient in sound.

Buck, onların ürkütücü, vahşi ve kadim seslere sahip tezahüratlarına katılmayı çok seviyordu.

The aurora flamed, stars danced, and snow blanketed the land.

Aurora parlıyor, yıldızlar dans ediyor ve kar her yeri kaplıyordu.

The dogs' song rose as a cry against silence and bitter cold.

Köpeklerin şarkısı, sessizliğe ve dondurucu soğuğa karşı bir haykırış gibi yükseldi.

But their howl held sorrow, not defiance, in every long note.

Ama ulumaları her uzun notada meydan okuma değil, üzüntü taşıyordu.

Each wailing cry was full of pleading; the burden of life itself.

Her feryat, yalvarışla doluydu; hayatın yükünün ta kendisiydi.

That song was old—older than towns, and older than fires
O şarkı eskiydi, kasabalardan ve yangınlardan daha eskiydi

That song was more ancient even than the voices of men.
O şarkı insan seslerinden bile daha eskiydi.

It was a song from the young world, when all songs were sad.
Gençlik dünyasından, bütün şarkılar hüzünlüyken söylenen bir şarkıydı.

The song carried sorrow from countless generations of dogs.
Şarkı, nesiller boyu köpeklerin acısını taşıyordu.

Buck felt the melody deeply, moaning from pain rooted in the ages.
Buck melodiyi derinden hissetti, asırlardır süregelen acıyla inledi.

He sobbed from a grief as old as the wild blood in his veins.
Damarlarındaki vahşi kan kadar eski bir kederle hıçkırarak ağlıyordu.

The cold, the dark, and the mystery touched Buck's soul.
Soğuk, karanlık ve gizem Buck'ın ruhuna dokundu.

That song proved how far Buck had returned to his origins.
Bu şarkı Buck'ın ne kadar köklerine döndüğünü kanıtlıyordu.

Through snow and howling he had found the start of his own life.
Karlar ve ulumalar arasında kendi hayatının başlangıcını bulmuştu.

Seven days after arriving in Dawson, they set off once again.
Dawson'a vardıktan yedi gün sonra tekrar yola koyuldular.

The team dropped from the Barracks down to the Yukon Trail.
Takım Kışla'dan Yukon Yolu'na doğru indi.

They began the journey back toward Dyea and Salt Water.
Dyea ve Tuzlu Su'ya doğru dönüş yolculuğuna başladılar.

Perrault carried dispatches even more urgent than before.
Perrault, eskisinden daha da acil haberler taşıyordu.

He was also seized by trail pride and aimed to set a record.
O da iz sürme gururuna kapılmıştı ve rekor kırmayı
hedefliyordu.

This time, several advantages were on Perrault's side.
Bu kez Perrault'un lehine birçok avantaj vardı.

The dogs had rested for a full week and regained their
strength.
Köpekler bir hafta boyunca dinlenip güçlerini yeniden
kazanmışlardı.

The trail they had broken was now hard-packed by others.
Onların açtığı yol şimdi başkaları tarafından sıkıştırılmıştı.

In places, police had stored food for dogs and men alike.
Polisler bazı yerlerde hem köpekler hem de adamlar için
yiyecek depolamıştı.

Perrault traveled light, moving fast with little to weigh him
down.
Perrault hafif ve hızlı seyahat ediyordu, onu aşağı çekecek çok
az şey vardı.

They reached Sixty-Mile, a fifty-mile run, by the first night.
İlk gecede elli mil koşu olan Altmış Mil'e ulaştılar.

On the second day, they rushed up the Yukon toward Pelly.
İkinci gün Yukon Nehri'nden yukarı doğru Pelly'ye doğru
yola koyuldular.

But such fine progress came with much strain for François.
Fakat bu güzel ilerleme François için büyük bir sıkıntıyı da
beraberinde getirdi.

Buck's quiet rebellion had shattered the team's discipline.
Buck'ın sessiz isyanı takımın disiplinini paramparça etmişti.

They no longer pulled together like one beast in the reins.
Artık tek bir hayvan gibi dizginleri ellerinde tutmuyorlardı.

Buck had led others into defiance through his bold example.
Buck, cesur örneğiyle başkalarını da meydan okumaya
yöneltmişti.

Spitz's command was no longer met with fear or respect.
Spitz'in emri artık korkuyla ya da saygıyla karşılanmıyordu.

The others lost their awe of him and dared to resist his rule.

Diğerleri ona olan korkularını yitirdiler ve onun yönetimine karşı koymaya cesaret ettiler.

One night, Pike stole half a fish and ate it under Buck's eye.

Bir gece Pike yarım bir balık çaldı ve Buck'ın gözü önünde yedi.

Another night, Dub and Joe fought Spitz and went unpunished.

Başka bir gece, Dub ve Joe, Spitz'le dövüştüler ve cezasız kaldılar.

Even Billee whined less sweetly and showed new sharpness.

Billee bile daha az tatlı bir şekilde sızlanmaya başladı ve yeni bir keskinlik gösterdi.

Buck snarled at Spitz every time they crossed paths.

Buck, Spitz'le yolları her kesiştiğinde ona hırlıyordu.

Buck's attitude grew bold and threatening, nearly like a bully.

Buck'ın tavrı neredeyse bir zorba gibi cüretkar ve tehditkar bir hal aldı.

He paced before Spitz with a swagger, full of mocking menace.

Spitz'in önünde alaycı bir tehditle dolu bir tavırla yürüyordu.

That collapse of order also spread among the sled-dogs.

Düzenin bozulması kızak köpeklerine de sıçradı.

They fought and argued more than ever, filling camp with noise.

Her zamankinden daha fazla kavga edip tartışıyorlardı, kampı gürültüyle dolduruyorlardı.

Camp life turned into a wild, howling chaos each night.

Kamp hayatı her gece vahşi, uluyan bir kaosa dönüşüyordu.

Only Dave and Solleks remained steady and focused.

Sadece Dave ve Solleks istikrarlı ve odaklanmış kalmayı başardı.

But even they became short-tempered from the constant brawls.

Ama onlar bile sürekli kavgalardan dolayı sinirlenmeye başladılar.

François cursed in strange tongues and stomped in frustration.
François garip dillerde küfürler savuruyor ve öfkeyle ayaklarını yere vuruyordu.
He tore at his hair and shouted while snow flew underfoot.
Ayaklarının altında karlar uçuşurken saçlarını yoluyor ve bağırıyordu.
His whip snapped across the pack but barely kept them in line.
Kırbacı sürünün üzerinden şakladı ama onları hizaya sokmaya yetmedi.
Whenever his back was turned, the fighting broke out again.
Ne zaman sırtını dönse, kavga yeniden başlıyordu.
François used the lash for Spitz, while Buck led the rebels.
François kırbaç darbesini Spitz'e karşı kullanırken, Buck isyancıları yönetiyordu.
Each knew the other's role, but Buck avoided any blame.
Her ikisi de diğerinin rolünü biliyordu ama Buck herhangi bir suçlamadan kaçındı.
François never caught Buck starting a fight or shirking his job.
François, Buck'ın hiçbir zaman kavga çıkardığını veya işinden kaytardığını görmedi.
Buck worked hard in harness—the toil now thrilled his spirit.
Buck koşumlarda çok çalışıyordu; bu emek artık ruhunu heyecanlandırıyordu.
But he found even more joy in stirring fights and chaos in camp.
Ama kampta kavga ve kaos çıkarmaktan daha çok zevk alıyordu.

At the Tahkeena's mouth one evening, Dub startled a rabbit.
Bir akşam, Tahkeena'nın ağzında Dub bir tavşanı ürküttü.
He missed the catch, and the snowshoe rabbit sprang away.
Avı kaçırınca kar ayakkabılı tavşan kaçtı.
In seconds, the entire sled team gave chase with wild cries.

Birkaç saniye içinde tüm kızak ekibi çığlıklar atarak kızın peşine düştü.

Nearby, a Northwest Police camp housed fifty husky dogs.

Yakınlardaki bir Kuzeybatı Polis kampında elli tane Sibirya kurdu köpeği bulunuyordu.

They joined the hunt, surging down the frozen river together.

Birlikte ava katıldılar, donmuş nehrin aşağısına doğru ilerlediler.

The rabbit turned off the river, fleeing up a frozen creek bed.

Tavşan nehri bırakıp donmuş dere yatağına doğru kaçtı.

The rabbit skipped lightly over snow while the dogs struggled through.

Tavşan karın üzerinde hafifçe zıplarken, köpekler zorlukla ilerliyordu.

Buck led the massive pack of sixty dogs around each twisting bend.

Buck, altmış köpekten oluşan devasa sürüyü her virajda yönlendiriyordu.

He pushed forward, low and eager, but could not gain ground.

Alçak ve istekli bir şekilde ileri doğru atıldı, ancak ilerleme kaydedemedi.

His body flashed under the pale moon with each powerful leap.

Her güçlü sıçrayışta, bedeni soluk ayın altında parlıyordu.

Ahead, the rabbit moved like a ghost, silent and too fast to catch.

Önündeki tavşan bir hayalet gibi sessizce ve yakalanamayacak kadar hızlı hareket ediyordu.

All those old instincts — the hunger, the thrill — rushed through Buck.

Tüm o eski içgüdüler - açlık, heyecan - Buck'ın içinde hücum etti.

Humans feel this instinct at times, driven to hunt with gun and bullet.

İnsanlar zaman zaman bu içgüdüyü hisseder, silahla, mermiyle avlanmaya yönelir.

But Buck felt this feeling on a deeper and more personal level.

Ama Buck bu duyguyu daha derin ve daha kişisel bir düzeyde hissediyordu.

They could not feel the wild in their blood the way Buck could feel it.

Buck'ın hissettiği vahşiliği kanlarında hissedemiyorlar.

He chased living meat, ready to kill with his teeth and taste blood.

Canlı etin peşindeydi, dişleriyle öldürmeye ve kan tadına bakmaya hazırdı.

His body strained with joy, wanting to bathe in warm red life.

Vücudu sevinçle geriliyor, sıcak kırmızı bir yaşamda yıkanmak istiyordu.

A strange joy marks the highest point life can ever reach.

Hayatın ulaşabileceği en yüksek noktayı garip bir sevinç belirler.

The feeling of a peak where the living forget they are even alive.

Yaşayanların, yaşadıklarını bile unuttukları bir zirve hissi.

This deep joy touches the artist lost in blazing inspiration.

Bu derin sevinç, alev alev ilhama gömülmüş sanatçıyı etkiler.

This joy seizes the soldier who fights wildly and spares no foe.

Bu sevinç, çılgınca savaşan ve hiçbir düşmanı esirgemeyen askeri yakalar.

This joy now claimed Buck as he led the pack in primal hunger.

Bu sevinç, ilkel açlıkta sürünün başında yer alan Buck'ı da ele geçirmişti.

He howled with the ancient wolf-cry, thrilled by the living chase.

Yaşayan kovalamacanın heyecanıyla, eski kurt çığlığıyla uluyordu.

Buck tapped into the oldest part of himself, lost in the wild.
Buck, vahşi doğada kaybolmuş olan kendi en eski yanına ulaştı.
He reached deep within, past memory, into raw, ancient time.
Derinlere, geçmiş hafızaya, ham, kadim zamana ulaştı.
A wave of pure life surged through every muscle and tendon.
Saf bir yaşam dalgası her kas ve tendondan yayılıyordu.
Each leap shouted that he lived, that he moved through death.
Her sıçrayış onun yaşadığını, ölümden geçtiğini haykırıyordu.
His body soared joyfully over still, cold land that never stirred.
Vücudu hiç kıpırdamayan, soğuk ve hareketsiz toprağın üzerinde neşeyle yükseldi.
Spitz stayed cold and cunning, even in his wildest moments.
Spitz en çılgın anlarında bile soğukkanlı ve kurnazdı.
He left the trail and crossed land where the creek curved wide.
Patikadan ayrılıp derenin genişçe kıvrıldığı araziye doğru ilerledi.
Buck, unaware of this, stayed on the rabbit's winding path.
Buck, bunun farkında olmadan tavşanın dolambaçlı yolunda ilerlemeye devam etti.
Then, as Buck rounded a bend, the ghost-like rabbit was before him.
Sonra Buck bir virajı döndüğünde hayalet tavşan tam karşısındaydı.
He saw a second figure leap from the bank ahead of the prey.
Avın önünde kıyıdan sıçrayan ikinci bir figür gördü.
The figure was Spitz, landing right in the path of the fleeing rabbit.
Bu figür Spitz'di ve kaçan tavşanın tam yoluna düştü.
The rabbit could not turn and met Spitz's jaws in mid-air.
Tavşan dönemedi ve havada Spitz'in çenesiyle karşılaştı.

The rabbit's spine broke with a shriek as sharp as a dying human's cry.

Tavşanın omurgası, ölmekte olan bir insanın çığlığı kadar keskin bir çığlıkla kırıldı.

At that sound—the fall from life to death—the pack howled loud.

O sesle, yani hayattan ölüme düşüşle, sürü yüksek sesle uludu.

A savage chorus rose from behind Buck, full of dark delight.

Buck'ın arkasından karanlık bir zevkle dolu vahşi bir koro yükseldi.

Buck gave no cry, no sound, and charged straight into Spitz.

Buck hiçbir çığlık atmadı, hiçbir ses çıkarmadı ve doğruca Spitz'e doğru koştu.

He aimed for the throat, but struck the shoulder instead.

Boğazını hedef aldı ama omzuna isabet etti.

They tumbled through soft snow; their bodies locked in combat.

Yumuşak karda yuvarlanıyorlardı; bedenleri mücadele halindeydi.

Spitz sprang up quickly, as if never knocked down at all.

Spitz sanki hiç yere düşmemiş gibi hızla ayağa fırladı.

He slashed Buck's shoulder, then leaped clear of the fight.

Buck'ın omzunu kesti, sonra da kavga alanından atlayıp uzaklaştı.

Twice his teeth snapped like steel traps, lips curled and fierce.

Dişleri iki kez çelik kapanlar gibi kırıldı, dudakları kıvrıldı ve vahşileşti.

He backed away slowly, seeking firm ground under his feet.

Yavaşça geri çekildi, ayaklarının altında sağlam bir zemin arıyordu.

Buck understood the moment instantly and fully.

Buck o anı anında ve tam olarak anladı.

The time had come; the fight was going to be a fight to the death.

Zamanı gelmişti; dövüş ölümüne olacaktı.

The two dogs circled, growling, ears flat, eyes narrowed.
İki köpek hırlayarak, kulaklarını dikleştirerek, gözlerini
kısarak daireler çiziyorlardı.
Each dog waited for the other to show weakness or misstep.
Her köpek diğerinin zayıflık göstermesini veya yanlış adım
atmasını bekliyordu.
To Buck, the scene felt eerily known and deeply
remembered.
Buck için bu sahne ürkütücü bir şekilde tanıdık ve derinden
hatırlanıyordu.
The white woods, the cold earth, the battle under moonlight.
Beyaz ormanlar, soğuk toprak, ay ışığında savaş.
A heavy silence filled the land, deep and unnatural.
Ülkeyi derin ve doğaya aykırı ağır bir sessizlik kapladı.
No wind stirred, no leaf moved, no sound broke the
stillness.
Hiçbir rüzgar esmedi, hiçbir yaprak kımıldamadı, hiçbir ses
sessizliği bozmadı.
The dogs' breaths rose like smoke in the frozen, quiet air.
Köpeklerin nefesleri donmuş, sessiz havada duman gibi
yükseliyordu.
The rabbit was long forgotten by the pack of wild beasts.
Tavşan, vahşi hayvan sürüsü tarafından çoktan unutulmuştu.
These half-tamed wolves now stood still in a wide circle.
Yarı evcilleşmiş bu kurtlar şimdi geniş bir daire şeklinde
hareketsiz duruyorlardı.
They were quiet, only their glowing eyes revealed their
hunger.
Sessizdiler, sadece parlayan gözleri açlıklarını ele veriyordu.
Their breath drifted upward, watching the final fight begin.
Nefesleri yukarıya doğru yükseldi, son dövüşün başlamasını
izlediler.
To Buck, this battle was old and expected, not strange at all.
Buck'a göre bu savaş eski ve beklenen bir şeydi, hiç de garip
değildi.
It felt like a memory of something always meant to happen.
Her zaman olması gereken bir şeyin hatırası gibiydi.

Spitz was a trained fighting dog, honed by countless wild brawls.

Spitz, sayısız vahşi kavgayla geliştirilmiş, eğitimli bir dövüş köpeğiydi.

From Spitzbergen to Canada, he had mastered many foes.

Spitzbergen'den Kanada'ya kadar birçok düşmanı alt etmişti.

He was filled with fury, but never gave control to rage.

Çok öfkeliydi ama öfkesini asla kontrol altına alamıyordu.

His passion was sharp, but always tempered by hard instinct.

Tutkusu keskindi ama her zaman sert içgüdülerle yumuşatılırdı.

He never attacked until his own defense was in place.

Kendi savunması hazır olana kadar asla saldırmadı.

Buck tried again and again to reach Spitz's vulnerable neck.

Buck, Spitz'in savunmasız boynuna ulaşmak için tekrar tekrar çabaladı.

But every strike was met by a slash from Spitz's sharp teeth.

Ama her vuruş, Spitz'in keskin dişlerinin bir darbesiyle karşılanıyordu.

Their fangs clashed, and both dogs bled from torn lips.

Dişleri çarpıştı ve her iki köpeğin de yırtılan dudaklarından kan aktı.

No matter how Buck lunged, he couldn't break the defense.

Buck ne kadar atak yaparsa yapsın savunmayı aşamadı.

He grew more furious, rushing in with wild bursts of power.

Daha da öfkelendi, vahşi güç patlamalarıyla hücum etti.

Again and again, Buck struck for the white throat of Spitz.

Buck, Spitz'in beyaz boğazına defalarca saldırdı.

Each time Spitz evaded and struck back with a slicing bite.

Spitz her seferinde kaçıp kurtuluyor ve keskin bir ısırıkla karşılık veriyordu.

Then Buck shifted tactics, rushing as if for the throat again.

Sonra Buck taktik değiştirdi, sanki tekrar boğazına doğru saldırıyormuş gibi.

But he pulled back mid-attack, turning to strike from the side.

Ama saldırının ortasında geri çekildi, yandan vurmak için döndü.

Ancak atak sırasında geri çekildi ve yan taraftan vurmaya başladı.

He threw his shoulder into Spitz, aiming to knock him down.

Omzunu Spitz'e doğru fırlattı, onu yere sermeyi amaçlıyordu.

Each time he tried, Spitz dodged and countered with a slash.

Spitz her seferinde kaçmayı başarıyor ve vuruşuyla karşılık veriyordu.

Buck's shoulder grew raw as Spitz leapt clear after every hit.

Spitz her vuruştan sonra sıçrayarak uzaklaşırken Buck'ın omzu ağrımaya başladı.

Spitz had not been touched, while Buck bled from many wounds.

Spitz'e dokunulmamıştı, Buck ise birçok yarasından kanıyordu.

Buck's breath came fast and heavy, his body slick with blood.

Buck'ın nefesi hızlı ve ağırdı, vücudu kanla kaplıydı.

The fight turned more brutal with each bite and charge.

Her ısırık ve saldırıyla kavga daha da vahşileşiyordu.

Around them, sixty silent dogs waited for the first to fall.

Etraflarında altmış tane sessiz köpek ilk düşen köpeği bekliyordu.

If one dog dropped, the pack were going to finish the fight.

Eğer bir köpek düşerse sürünün tamamı dövüşü bitirecekti.

Spitz saw Buck weakening, and began to press the attack.

Spitz, Buck'ın zayıfladığını fark etti ve saldırıya geçmeye başladı.

He kept Buck off balance, forcing him to fight for footing.

Buck'ın dengesini bozdu ve onu ayakta durmak için mücadele etmeye zorladı.

Once Buck stumbled and fell, and all the dogs rose up.

Bir gün Buck tökezleyip düştü ve bütün köpekler ayağa kalktı.

But Buck righted himself mid-fall, and everyone sank back down.

Ancak Buck düşüşün ortasında doğruldu ve herkes tekrar yere yığıldı.

Buck had something rare—imagination born from deep instinct.
Buck'ın nadir bir yeteneği vardı: Derin içgüdülerden doğan hayal gücü.

He fought by natural drive, but he also fought with cunning.
Doğal dürtüleriyle savaşıyordu ama aynı zamanda kurnazlıkla da savaşıyordu.

He charged again as if repeating his shoulder attack trick.
Omuz saldırısı numarasını tekrarlıyormuş gibi tekrar saldırdı.

But at the last second, he dropped low and swept beneath Spitz.
Ancak son saniyede alçaldı ve Spitz'in altından geçti.

His teeth locked on Spitz's front left leg with a snap.
Dişleri Spitz'in ön sol bacağına şak diye kenetlendi.

Spitz now stood unsteady, his weight on only three legs.
Spitz artık dengesiz duruyordu, ağırlığını sadece üç bacağına vermişti.

Buck struck again, tried three times to bring him down.
Buck tekrar saldırdı, onu yere sermek için üç kez denedi.

On the fourth attempt he used the same move with success
Dördüncü denemede aynı hareketi başarıyla kullandı

This time Buck managed to bite the right leg of Spitz.
Buck bu sefer Spitz'in sağ bacağını ısırmayı başardı.

Spitz, though crippled and in agony, kept struggling to survive.
Spitz, sakat ve acı içinde olmasına rağmen hayatta kalma mücadelesini sürdürüyordu.

He saw the circle of huskies tighten, tongues out, eyes glowing.
Sibirya kurdu çemberinin giderek daraldığını, dillerinin dışarıda, gözlerinin parladığını gördü.

They waited to devour him, just as they had done to others.
Başkalarına yaptıkları gibi onu da yutmak için beklediler.

This time, he stood in the center; defeated and doomed.
Bu sefer ortada duruyordu; yenilmiş ve mahkûm.

There was no option to escape for the white dog now.
Artık beyaz köpeğin kaçma şansı kalmamıştı.

Buck showed no mercy, for mercy did not belong in the wild.
Buck merhamet göstermedi, çünkü merhamet vahşi doğada bulunmazdı.

Buck moved carefully, setting up for the final charge.
Buck son hücum için hazırlık yaparak dikkatlice hareket etti.

The circle of huskies closed in; he felt their warm breaths.
Sibirya kurdu çemberi giderek daralıyordu; onların sıcak nefeslerini hissediyordu.

They crouched low, prepared to spring when the moment came.
An geldiğinde atılmaya hazır bir şekilde çömeldiler.

Spitz quivered in the snow, snarling and shifting his stance.
Spitz karda titredi, hırladı ve duruşunu değiştirdi.

His eyes glared, lips curled, teeth flashing in desperate threat.
Gözleri parlıyor, dudakları kıvrılıyor, dişleri umutsuz bir tehditle parlıyordu.

He staggered, still trying to hold off the cold bite of death.
Ölümün soğuk ısırığını hâlâ hissetmemeye çalışarak sendeledi.

He had seen this before, but always from the winning side.
Bunu daha önce de görmüştü ama hep kazanan taraftan.

Now he was on the losing side; the defeated; the prey; death.
Artık kaybeden taraftaydı; yenilen taraftaydı; avdı; ölümdü.

Buck circled for the final blow, the ring of dogs pressed closer.
Buck son darbeyi indirmek için daireler çizdi, köpek halkası gittikçe yaklaşıyordu.

He could feel their hot breaths; ready for the kill.
Sıcak nefeslerini hissedebiliyordu; öldürmeye hazırdılar.

A stillness fell; all was in its place; time had stopped.
Bir sessizlik çöktü; her şey yerli yerindeydi; zaman durmuştu.

Even the cold air between them froze for one last moment.
Aralarındaki soğuk hava bile son bir an için dondu.

Only Spitz moved, trying to hold off his bitter end.
Sadece Spitz, acı sonunu atlatmaya çalışarak kıpırdadı.

The circle of dogs was closing in around him, as was his destiny.

Köpeklerin çemberi, kaderi gibi, onu da sıkıştırıyordu.

He was desperate now, knowing what was about to happen.

Artık ne olacağını bildiği için çaresizdi.

Buck sprang in, shoulder met shoulder one last time.

Buck atıldı, omuz omuza son kez buluştu.

The dogs surged forward, covering Spitz in the snowy dark.

Köpekler ileri atıldılar ve karlı karanlıkta Spitz'i korudular.

Buck watched, standing tall; the victor in a savage world.

Buck, vahşi bir dünyanın galibi olarak dimdik ayakta izliyordu.

The dominant primordial beast had made its kill, and it was good.

Egemen ilkel canavar öldürücü darbeyi indirmişti ve bu iyiydi.

He, Who Has Won to Mastership
Üstünlüğe Kazanan O

"Eh? What did I say? I speak true when I say Buck is a devil."

"Eh? Ne dedim? Buck'ın bir şeytan olduğunu söylediğimde doğruyu söylüyorum."

François said this the next morning after finding Spitz missing.

François, Spitz'in kaybolduğunu öğrendiği ertesi sabah bu sözleri söyledi.

Buck stood there, covered with wounds from the vicious fight.

Buck, vahşi dövüşten kalan yaralarla orada duruyordu.

François pulled Buck near the fire and pointed at the injuries.

François, Buck'ı ateşin yanına çekti ve yaraları işaret etti.

"That Spitz fought like the Devik," said Perrault, eyeing the deep gashes.

"Bu Spitz, Devik gibi dövüşüyordu," dedi Perrault, derin yaralara bakarak.

"And that Buck fought like two devils," François replied at once.

"Ve Buck iki şeytan gibi dövüşüyordu," diye hemen cevap verdi François.

"Now we will make good time; no more Spitz, no more trouble."

"Artık iyi vakit geçireceğiz; Spitz yok, sorun yok."

Perrault was packing the gear and loaded the sled with care.

Perrault malzemeleri topluyor ve kızakları dikkatle yüklüyordu.

François harnessed the dogs in preparation for the day's run.

François, günlük koşuya hazırlanmak için köpekleri koşumlara taktı.

Buck trotted straight to the lead position once held by Spitz.

Buck, Spitz'in elinde tuttuğu lider pozisyonuna doğru koştu.

But François, not noticing, led Solleks forward to the front.

Fakat François, bunun farkında olmadan Solleks'i öne doğru götürdü.

In François's judgment, Solleks was now the best lead-dog.

François'nın yargısına göre Solleks artık en iyi lider köpekti.

Buck sprang at Solleks in fury and drove him back in protest.

Buck öfkeyle Solleks'e doğru atıldı ve onu protesto etmek için geri püskürttü.

He stood where Spitz once had stood, claiming the lead position.

Spitz'in bir zamanlar durduğu yerde durarak liderliği ele geçirdi.

"Eh? Eh?" cried François, slapping his thighs in amusement.

"Eh? Eh?" diye haykırdı François, eğlenerek uyluklarına vurarak.

"Look at Buck—he killed Spitz, now he wants to take the job!"

"Buck'a bak, Spitz'i öldürdü, şimdi de işi almak istiyor!"

"Go away, Chook!" he shouted, trying to drive Buck away.

"Defol git, Chook!" diye bağırdı, Buck'ı uzaklaştırmaya çalışarak.

But Buck refused to move and stood firm in the snow.

Ama Buck hareket etmeyi reddetti ve karda dimdik ayakta durdu.

François grabbed Buck by the scruff, dragging him aside.

François, Buck'ı ensesinden yakalayıp bir kenara çekti.

Buck growled low and threateningly but did not attack.

Buck alçak sesle ve tehditkar bir şekilde hırladı ama saldırmadı.

François put Solleks back in the lead, trying to settle the dispute

François, Solleks'i tekrar öne geçirerek anlaşmazlığı çözmeye çalıştı

The old dog showed fear of Buck and didn't want to stay.

Yaşlı köpek Buck'tan korkuyordu ve kalmak istemiyordu.

When François turned his back, Buck drove Solleks out again.

François arkasını döndüğünde Buck, Solleks'i tekrar dışarı attı.
Solleks did not resist and quietly stepped aside once more.
Solleks direnmedi ve bir kez daha sessizce kenara çekildi.
François grew angry and shouted, "By God, I fix you!"
François öfkelendi ve bağırdı: "Aman Tanrım, seni düzelteceğim!"
He came toward Buck holding a heavy club in his hand.
Elinde ağır bir sopayla Buck'a doğru yaklaştı.
Buck remembered the man in the red sweater well.
Buck, kırmızı kazaklı adamı çok iyi hatırlıyordu.
He retreated slowly, watching François, but growling deeply.
Yavaşça geri çekildi, François'yı izliyordu ama derinden hırlıyordu.
He did not rush back, even when Solleks stood in his place.
Solleks onun yerine geçtiğinde bile geri dönmek için acele etmedi.
Buck circled just beyond reach, snarling in fury and protest.
Buck öfke ve itirazla hırlayarak, erişilemeyecek kadar uzakta daireler çizdi.
He kept his eyes on the club, ready to dodge if François threw.
François atarsa kaçmak için gözünü sopadan ayırmadı.
He had grown wise and wary in the ways of men with weapons.
Silahlı adamların yollarına karşı daha akıllı ve dikkatli olmuştu.
François gave up and called Buck to his former place again.
François pes etti ve Buck'ı tekrar eski yerine çağırdı.
But Buck stepped back cautiously, refusing to obey the order.
Ancak Buck, emre itaat etmeyi reddederek ihtiyatla geri çekildi.
François followed, but Buck only retreated a few steps more.
François onu takip etti, ancak Buck sadece birkaç adım geri çekildi.

After some time, François threw the weapon down in frustration.
Bir süre sonra François öfkeyle silahı yere attı.
He thought Buck feared a beating and was going to come quietly.
Buck'ın dayaktan korktuğunu ve sessizce geleceğini düşündü.
But Buck wasn't avoiding punishment—he was fighting for rank.
Ama Buck cezadan kaçmıyordu; rütbe için mücadele ediyordu.
He had earned the lead-dog spot through a fight to the death
Ölümüne bir mücadeleyle lider köpek konumunu kazanmıştı
he was not going to settle for anything less than being the leader.
Lider olmaktan başka hiçbir şeye razı olmayacaktı.

Perrault took a hand in the chase to help catch the rebellious Buck.
Perrault, asi Buck'ı yakalamak için kovalamacaya katıldı.
Together, they ran him around the camp for nearly an hour.
İkisi birlikte onu yaklaşık bir saat boyunca kampın içinde koşturdular.
They hurled clubs at him, but Buck dodged each one skillfully.
Ona sopalar fırlattılar ama Buck her birini ustalıkla savuşturdu.
They cursed him, his ancestors, his descendants, and every hair on him.
Ona, atalarına, soyuna ve üzerindeki her bir saç teline lanet ettiler.
But Buck only snarled back and stayed just out of their reach.
Ama Buck sadece hırladı ve onların erişemeyeceği bir mesafede durdu.
He never tried to run away but circled the camp deliberately.
Kaçmaya hiç çalışmadı, aksine kampın etrafında bilerek tur attı.

He made it clear he was going to obey once they gave him what he wanted.

İstediğini verdiklerinde itaat edeceğini açıkça belli etti.

François finally sat down and scratched his head in frustration.

François sonunda oturdu ve hayal kırıklığıyla başını kaşıdı.

Perrault checked his watch, swore, and muttered about lost time.

Perrault saatine baktı, küfürler savurdu ve zaman kaybından yakındı.

An hour had already passed when they should have been on the trail.

Yola çıkmaları gereken saatten bir saat geçmişti.

François shrugged sheepishly at the courier, who sighed in defeat.

François, yenilgiyi kabul ederek iç çeken kuryeye utangaç bir tavırla omuz silkti.

Then François walked to Solleks and called out to Buck once more.

Sonra François Solleks'in yanına yürüdü ve bir kez daha Buck'a seslendi.

Buck laughed like a dog laughs, but kept his cautious distance.

Buck bir köpeğin gülüşü gibi güldü, ama dikkatli bir mesafeyi korudu.

François removed Solleks's harness and returned him to his spot.

François, Solleks'in koşum takımını çıkarıp onu yerine geri koydu.

The sled team stood fully harnessed, with only one spot unfilled.

Kızak takımı tam donanımlıydı, sadece bir yer boştu.

The lead position remained empty, clearly meant for Buck alone.

Liderlik pozisyonu boş kaldı, açıkça sadece Buck'a ayrılmıştı.

François called again, and again Buck laughed and held his ground.

François tekrar seslendi, Buck yine güldü ve direndi.

"Throw down the club," Perrault ordered without hesitation.

"Sopayı atın," diye emretti Perrault tereddüt etmeden.

François obeyed, and Buck immediately trotted forward proudly.

François itaat etti ve Buck hemen gururla öne doğru koştu.

He laughed triumphantly and stepped into the lead position.

Zafer kazanmışçasına gülerek öne geçti.

François secured his traces, and the sled was broken loose.

François izlerini sabitledi ve kızak çözüldü.

Both men ran alongside as the team raced onto the river trail.

Takım nehir parkurunda yarışırken her iki adam da yan yana koşuyordu.

François had thought highly of Buck's "two devils,"

François, Buck'ın "iki şeytanı"nı çok beğenmişti

but he soon realized he had actually underestimated the dog.

ancak kısa süre sonra köpeği aslında hafife aldığını fark etti.

Buck quickly assumed leadership and performed with excellence.

Buck kısa sürede liderliği üstlendi ve mükemmel bir performans sergiledi.

In judgment, quick thinking, and fast action, Buck surpassed Spitz.

Yargılama, hızlı düşünme ve hızlı hareket etme konusunda Buck, Spitz'i geride bıraktı.

François had never seen a dog equal to what Buck now displayed.

François, Buck'ın şimdi sergilediği gibi bir köpek daha önce hiç görmemişti.

But Buck truly excelled in enforcing order and commanding respect.

Ama Buck düzeni sağlama ve saygı uyandırma konusunda gerçekten de mükemmeldi.

Dave and Solleks accepted the change without concern or protest.

Dave ve Solleks bu değişikliği kaygı duymadan veya itiraz etmeden kabul ettiler.

They focused only on work and pulling hard in the reins.
Onlar sadece çalışmaya ve dizginleri sıkı sıkı çekmeye
odaklandılar.
They cared little who led, so long as the sled kept moving.
Kızak hareket ettiği sürece kimin önde olduğu umurlarında
değildi.
Billee, the cheerful one, could have led for all they cared.
Neşeli olan Billee, umurlarında olsa liderlik edebilirdi.
What mattered to them was peace and order in the ranks.
Onlar için önemli olan saflarda huzur ve düzenin
sağlanmasıydı.

**The rest of the team had grown unruly during Spitz's
decline.**
Spitz'in çöküşü sırasında takımın geri kalanı asileşmişti.
**They were shocked when Buck immediately brought them
to order.**
Buck hemen onları düzene soktuğunda şok oldular.
**Pike had always been lazy and dragging his feet behind
Buck.**
Pike her zaman tembeldi ve Buck'ın peşinden sürükleniyordu.
But now was sharply disciplined by the new leadership.
Ama şimdi yeni liderlik tarafından sert bir şekilde disiplin
altına alınıyordu.
And he quickly learned to pull his weight in the team.
Ve kısa sürede takımda üzerine düşen görevi yerine getirmeyi
öğrendi.
By the end of the day, Pike worked harder than ever before.
Günün sonunda Pike her zamankinden daha çok çalışıyordu.
That night in camp, Joe, the sour dog, was finally subdued.
O gece kampta, asabi köpek Joe nihayet sakinleştirildi.
Spitz had failed to discipline him, but Buck did not fail.
Spitz onu disiplin altına almayı başaramamıştı ama Buck
başarısız olmamıştı.
Using his greater weight, Buck overwhelmed Joe in seconds.
Buck, daha fazla ağırlığını kullanarak Joe'yu saniyeler içinde
alt etti.

He bit and battered Joe until he whimpered and ceased resisting.
Joe'yu ısırdı ve dövdü, ta ki inleyip direnmeyi bırakana kadar.
The whole team improved from that moment on.
O andan itibaren bütün takım gelişmeye başladı.
The dogs regained their old unity and discipline.
Köpekler eski birlik ve disiplinlerine kavuştular.
At Rink Rapids, two new native huskies, Teek and Koona, joined.
Rink Rapids'te Teek ve Koona adında iki yeni yerli Sibirya kurdu aramıza katıldı.
Buck's swift training of them astonished even François.
Buck'ın onları bu kadar hızlı eğitmesi François'yı bile şaşırtmıştı.
"Never was there such a dog as that Buck!" he cried in amazement.
"Buck gibi bir köpek hiç olmadı!" diye hayretle haykırdı.
"No, never! He's worth one thousand dollars, by God!"
"Hayır, asla! Tanrı aşkına, o bin dolar değerinde!"
"Eh? What do you say, Perrault?" he asked with pride.
"Eh? Ne diyorsun, Perrault?" diye sordu gururla.
Perrault nodded in agreement and checked his notes.
Perrault onaylarcasına başını salladı ve notlarını kontrol etti.
We're already ahead of schedule and gaining more each day.
Zaten programın önündeyiz ve her geçen gün daha fazlasını kazanıyoruz.
The trail was hard-packed and smooth, with no fresh snow.
Yol sert ve pürüzsüzdü, taze kar yoktu.
The cold was steady, hovering at fifty below zero throughout.
Soğuk hava sürekli olarak eksi elli civarında seyrediyordu.
The men rode and ran in turns to keep warm and make time.
Erkekler ısınmak ve zaman kazanmak için sırayla ata binip koşuyorlardı.
The dogs ran fast with few stops, always pushing forward.
Köpekler çok az durarak, sürekli ileri doğru iterek hızlı koşuyorlardı.

The Thirty Mile River was mostly frozen and easy to travel across.

Otuz Mil Nehri büyük ölçüde donmuş olduğundan üzerinden geçmek kolaydı.

They went out in one day what had taken ten days coming in.

On gün süren geliş işini bir günde tamamladılar.

They made a sixty-mile dash from Lake Le Barge to White Horse.

Le Barge Gölü'nden White Horse'a kadar altmış millik bir koşu yaptılar.

Across Marsh, Tagish, and Bennett Lakes they moved incredibly fast.

Marsh, Tagish ve Bennett Gölleri'nden inanılmaz hızlı hareket ettiler.

The running man towed behind the sled on a rope.

Koşan adam bir ip yardımıyla kızak arkasından çekiliyordu.

On the last night of week two they got to their destination.

İkinci haftanın son gecesi varış noktalarına ulaştılar.

They had reached the top of White Pass together.

Birlikte Beyaz Geçit'in tepesine ulaşmışlardı.

They dropped down to sea level with Skaguay's lights below them.

Altlarında Skaguay'ın ışıklarının olduğu deniz seviyesine indiler.

It had been a record-setting run across miles of cold wilderness.

Mil uzunluğundaki soğuk vahşi doğada rekor kıran bir koşu olmuştu.

For fourteen days straight, they averaged a strong forty miles.

On dört gün boyunca, ortalama olarak güçlü bir şekilde kırk mil yol kat ettiler.

In Skaguay, Perrault and François moved cargo through town.

Skaguay'da Perrault ve François, yükleri şehirden taşıyorlardı.

They were cheered and offered many drinks by admiring crowds.

Hayran kitlesinin coşkusu karşısında alkışlandılar ve kendilerine bol bol içki ikram edildi.

Dog-busters and workers gathered around the famous dog team.

Ünlü köpek takımının etrafında köpek avcıları ve işçiler toplandı.

Then western outlaws came to town and met violent defeat.

Daha sonra batılı haydutlar şehre geldiler ve şiddetli bir yenilgiyle karşılaştılar.

The people soon forgot the team and focused on new drama.

İnsanlar kısa sürede takımı unuttular ve yeni dramalara odaklandılar.

Then came the new orders that changed everything at once.

Sonra her şeyi bir anda değiştiren yeni emirler geldi.

François called Buck to him and hugged him with tearful pride.

François, Buck'ı yanına çağırdı ve gözyaşlarıyla gururla ona sarıldı.

That moment was the last time Buck ever saw François again.

Buck, François'yı bir daha asla bu kadar iyi görmedi.

Like many men before, both François and Perrault were gone.

Daha önceki birçok erkek gibi, François ve Perrault da gitmişti.

A Scotch half-breed took charge of Buck and his sled dog teammates.

Buck ve kızak köpeği takım arkadaşlarının sorumluluğunu bir İskoç melezi üstlendi.

With a dozen other dog teams, they returned along the trail to Dawson.

Bir düzine kadar diğer köpek takımıyla birlikte patika boyunca Dawson'a geri döndüler.

It was no fast run now—just heavy toil with a heavy load each day.

Artık hızlı bir koşu yoktu; sadece her gün ağır bir yük ile ağır bir emek gerekiyordu.

This was the mail train, bringing word to gold hunters near the Pole.

Bu, Kutup yakınlarındaki altın avcılarına haber getiren posta treniydi.

Buck disliked the work but bore it well, taking pride in his effort.

Buck bu işten hoşlanmıyordu ama çabasının gururunu yaşayarak buna katlanıyordu.

Like Dave and Solleks, Buck showed devotion to every daily task.

Dave ve Solleks gibi Buck da günlük işlerin hepsine özveriyle bağlılık gösteriyordu.

He made sure his teammates each pulled their fair weight.

Takım arkadaşlarının her birinin üzerlerine düşeni yaptığından emin oldu.

Trail life became dull, repeated with the precision of a machine.

Patika hayatı sıkıcılaştı, bir makine hassasiyetiyle tekrarlandı.

Each day felt the same, one morning blending into the next.

Her gün aynıydı, bir sabah diğerine karışıyordu.

At the same hour, the cooks rose to build fires and prepare food.

Aynı saatte aşçılar kalkıp ateşi yakıp yemek hazırlamaya başladılar.

After breakfast, some left camp while others harnessed the dogs.

Kahvaltının ardından bazıları kamptan ayrılırken, bazıları da köpeklerini koşturdu.

They hit the trail before the dim warning of dawn touched the sky.

Şafağın ilk ışıkları gökyüzüne ulaşmadan önce yola koyuldular.

At night, they stopped to make camp, each man with a set duty.

Geceleyin kamp kurmak için dururlardı, her adamın belli bir görevi vardı.

Some pitched the tents, others cut firewood and gathered pine boughs.

Kimisi çadırlarını kurdu, kimisi odun kesti, çam dalları topladı.

Water or ice was carried back to the cooks for the evening meal.

Akşam yemeği için aşçılara su veya buz götürülürdü.

The dogs were fed, and this was the best part of the day for them.

Köpeklere yemek verildi ve bu onlar için günün en güzel kısmıydı.

After eating fish, the dogs relaxed and lounged near the fire.

Balıklarını yedikten sonra köpekler dinlenip ateşin başında dinlendiler.

There were a hundred other dogs in the convoy to mingle with.

Konvoyda kaynaşabileceği yüz tane daha köpek vardı.

Many of those dogs were fierce and quick to fight without warning.

Bu köpeklerin çoğu vahşiydi ve uyarı vermeden kavga etmeye hazırdı.

But after three wins, Buck mastered even the fiercest fighters.

Ancak üç galibiyetten sonra Buck, en sert dövüşçüleri bile alt etmeyi başardı.

Now when Buck growled and showed his teeth, they stepped aside.

Buck hırlayıp dişlerini gösterdiğinde ise kenara çekildiler.

Perhaps best of all, Buck loved lying near the flickering campfire.

Belki de en çok, Buck'ın titrek kamp ateşinin yanında yatmayı sevmesi hoşuma gidiyordu.

He crouched with hind legs tucked and front legs stretched ahead.

Arka ayaklarını kıvırıp ön ayaklarını öne doğru uzatarak çömeldi.

His head was raised as he blinked softly at the glowing flames.

Başını kaldırıp parlayan alevlere doğru yumuşakça gözlerini kırpıştırdı.

Sometimes he recalled Judge Miller's big house in Santa Clara.

Bazen Yargıç Miller'ın Santa Clara'daki büyük evini hatırlıyordu.

He thought of the cement pool, of Ysabel, and the pug called Toots.

Çimento havuzunu, Ysabel'i ve Toots adlı pug cinsi köpeği düşündü.

But more often he remembered the man with the red sweater's club.

Ama daha çok kırmızı kazaklı adamın sopasını hatırlıyordu.

He remembered Curly's death and his fierce battle with Spitz.

Kıvırcık'nin ölümünü ve Spitz'le olan amansız mücadelesini hatırladı.

He also recalled the good food he had eaten or still dreamed of.

Yediği veya hâlâ rüyasında gördüğü güzel yemekleri de hatırladı.

Buck was not homesick—the warm valley was distant and unreal.

Buck, memleketini özlemiyordu; sıcak vadi uzaktaydı ve gerçek dışıydı.

Memories of California no longer held any real pull over him.

Kaliforniya'daki anılar artık onun üzerinde pek bir etki bırakmıyordu.

Stronger than memory were instincts deep in his bloodline.

Hafızasından daha güçlü olan şey, kanının derinliklerindeki içgüdülerdi.

Habits once lost had returned, revived by the trail and the wild.

Bir zamanlar kaybedilen alışkanlıklar, patika ve vahşi doğa tarafından yeniden canlandırılarak geri dönmüştü.

As Buck watched the firelight, it sometimes became something else.

Buck ateşin ışığını izlerken, bazen bu ışık başka bir şeye dönüşüyordu.

He saw in the firelight another fire, older and deeper than the present one.

Ateşin ışığında, şimdikinden daha eski ve daha derin bir ateş gördü.

Beside that other fire crouched a man unlike the half-breed cook.

Diğer ateşin yanında melez aşçıya benzemeyen bir adam çömelmişti.

This figure had short legs, long arms, and hard, knotted muscles.

Bu figürün kısa bacakları, uzun kolları ve sert, düğümlü kasları vardı.

His hair was long and matted, sloping backward from the eyes.

Saçları uzun ve keçeleşmişti, gözlerinden geriye doğru uzuyordu.

He made strange sounds and stared out in fear at the darkness.

Garip sesler çıkarıyor, korkuyla karanlığa bakıyordu.

He held a stone club low, gripped tightly in his long rough hand.

Uzun, sert elinde sıkıca tuttuğu taş bir sopayı alçakta tutuyordu.

The man wore little; just a charred skin that hung down his back.

Adamın üzerinde pek az şey vardı; sırtından aşağı doğru sarkan kömürleşmiş bir deri.

His body was covered with thick hair across arms, chest, and thighs.

Vücudu, kolları, göğsü ve uylukları boyunca sık kıllarla kaplıydı.

Some parts of the hair were tangled into patches of rough fur.

Saçların bazı kısımları sert kürk parçaları halinde birbirine karışmıştı.

He did not stand straight but bent forward from the hips to knees.

Ayakta dik durmuyordu, kalçadan dizlere kadar öne doğru eğilmişti.

His steps were springy and catlike, as if always ready to leap.

Adımları sanki her an sıçramaya hazırmış gibi yaylı ve kedi gibiydi.

There was a sharp alertness, like he lived in constant fear.

Sürekli bir korku içinde yaşıyormuş gibi keskin bir teyakkuz hali vardı.

This ancient man seemed to expect danger, whether the danger was seen or not.

Bu kadim insan, tehlike görülse de görülmese de tehlikeyi önceden seziyor gibiydi.

At times the hairy man slept by the fire, head tucked between legs.

Bazen tüylü adam ateşin başında başını bacaklarının arasına sokup uyurdu.

His elbows rested on his knees, hands clasped above his head.

Dirseklerini dizlerine dayamış, ellerini başının üstünde kavuşturmuştu.

Like a dog he used his hairy arms to shed off the falling rain.

Bir köpek gibi, tüylü kollarını kullanarak yağan yağmuru döküyordu.

Beyond the firelight, Buck saw twin coals glowing in the dark.

Buck, ateş ışığının ötesinde karanlıkta parlayan iki kömür gördü.

Always two by two, they were the eyes of stalking beasts of prey.

Her zaman ikişer ikişer, yırtıcı hayvanların peşindeki gözleriydiler.

He heard bodies crash through brush and sounds made in the night.

Çalılıklarda ezilen cesetlerin sesini ve gecenin karanlığında çıkan sesleri duydu.

Lying on the Yukon bank, blinking, Buck dreamed by the fire.

Yukon kıyısında yatan Buck, gözlerini kırpıştırarak ateşin başında hayal kuruyordu.

The sights and sounds of that wild world made his hair stand up.

O vahşi dünyanın görüntüleri ve sesleri tüylerini diken diken ediyordu.

The fur rose along his back, his shoulders, and up his neck.

Tüyler sırtından omuzlarına, boynuna kadar uzanıyordu.

He whimpered softly or gave a low growl deep in his chest.

Hafifçe inliyordu ya da göğsünün derinliklerinden gelen alçak bir homurtu çıkarıyordu.

Then the half-breed cook shouted, "Hey, you Buck, wake up!"

Sonra melez aşçı bağırdı: "Hey, Buck, uyan!"

The dream world vanished, and real life returned to Buck's eyes.

Rüya dünyası kaybolmuş, gerçek hayat Buck'ın gözlerine geri dönmüştü.

He was going to get up, stretch, and yawn, as if woken from a nap.

Sanki uykudan uyanmış gibi kalkıp gerinecek, esneyecekti.

The trip was hard, with the mail sled dragging behind them.

Posta kızaklarının arkalarında sürüklenmesiyle yolculuk zordu.

Heavy loads and tough work wore down the dogs each long day.

Ağır yükler ve zorlu çalışma, köpekleri her uzun günde yıpratıyordu.

They reached Dawson thin, tired, and needing over a week's rest.

Dawson'a zayıf, yorgun ve bir haftalık dinlenmeye ihtiyaç duyarak ulaştılar.

But only two days later, they set out down the Yukon again.

Ancak sadece iki gün sonra tekrar Yukon'a doğru yola koyuldular.

They were loaded with more letters bound for the outside world.

İçlerinde dış dünyaya gönderilmek üzere hazırlanmış daha çok mektup vardı.

The dogs were exhausted and the men were complaining constantly.

Köpekler bitkin düşmüştü ve adamlar sürekli şikâyet ediyorlardı.

Snow fell every day, softening the trail and slowing the sleds.

Her gün yağan kar, patikayı yumuşatıyor ve kızakların hızını düşürüyordu.

This made for harder pulling and more drag on the runners.

Bu durum koşucuların daha zor çekilmesine ve daha fazla sürtünmeye neden oldu.

Despite that, the drivers were fair and cared for their teams.

Buna rağmen sürücüler adil davrandılar ve takımlarına değer verdiler.

Each night, the dogs were fed before the men got to eat.

Her gece, adamlar yemek yemeden önce köpeklere yemek veriliyordu.

No man slept before checking the feet of his own dog's.

Hiçbir adam kendi köpeğinin ayaklarını kontrol etmeden uyumazdı.

Still, the dogs grew weaker as the miles wore on their bodies.

Ancak köpekler, kat ettikleri kilometreler vücutlarını yıprattıkça giderek zayıfladılar.

They had traveled eighteen hundred miles through the winter.

Kış boyunca bin sekiz yüz mil yol kat etmişlerdi.

They pulled sleds across every mile of that brutal distance.

O acımasız mesafenin her milini kızaklarla kat ettiler.

Even the toughest sled dogs feel strain after so many miles.

En dayanıklı kızak köpekleri bile bu kadar kilometre kat ettikten sonra zorlanırlar.

Buck held on, kept his team working, and maintained discipline.

Buck direndi, ekibini çalışır durumda tuttu ve disiplini korudu.

But Buck was tired, just like the others on the long journey.

Ama Buck, uzun yolculuktaki diğerleri gibi yorgundu.

Billee whimpered and cried in his sleep each night without fail.

Billee her gece uykusunda sızlanıp ağlıyordu.

Joe grew even more bitter, and Solleks stayed cold and distant.

Joe daha da öfkelendi, Solleks ise soğuk ve mesafeli davranmaya devam etti.

But it was Dave who suffered the worst out of the entire team.

Ama tüm takım içinde en çok zarar gören Dave oldu.

Something had gone wrong inside him, though no one knew what.

İçinde bir şeyler ters gidiyordu ama kimse ne olduğunu bilmiyordu.

He became moodier and snapped at others with growing anger.

Daha da huysuzlaştı ve giderek artan bir öfkeyle başkalarına saldırmaya başladı.

Each night he went straight to his nest, waiting to be fed.

Her gece doğruca yuvasına gidiyor ve beslenmeyi bekliyordu.

Once he was down, Dave did not get up again till morning.

Dave bir kere yere düştükten sonra sabaha kadar ayağa kalkmadı.

On the reins, sudden jerks or starts made him cry out in pain.

Dizginlerde ani sarsıntılar veya sıçramalar onun acı içinde çığlık atmasına neden oluyordu.

His driver searched for the cause, but found no injury on him.

Sürücüsü kazanın nedenini araştırdı ancak herhangi bir yaralanmaya rastlamadı.

All the drivers began watching Dave and discussed his case.

Tüm şoförler Dave'i izlemeye ve durumunu tartışmaya başladılar.

They talked at meals and during their final smoke of the day.

Yemeklerde ve günün son sigara içmelerinde sohbet ettiler.

One night they held a meeting and brought Dave to the fire.

Bir gece toplantı yapıp Dave'i ateşin başına getirdiler.

They pressed and probed his body, and he cried out often.

Vücuduna bastırıp yokluyorlardı, o da sık sık bağırıyordu.

Clearly, something was wrong, though no bones seemed broken.

Kemiklerin hiçbiri kırılmamış gibi görünse de, bir şeylerin ters gittiği açıkça belliydi.

By the time they reached Cassiar Bar, Dave was falling down.

Cassiar Bar'a vardıklarında Dave yere yığılıyordu.

The Scotch half-breed called a halt and removed Dave from the team.

İskoç melezi yarışı durdurdu ve Dave'i takımdan çıkardı.

He fastened Solleks in Dave's place, closest to the sled's front.

Solleks'i Dave'in yerine, kızakların ön tarafına en yakın yere bağladı.

He meant to let Dave rest and run free behind the moving sled.

Dave'in dinlenmesini ve hareket eden kızak arkasında serbestçe koşmasını istiyordu.

But even sick, Dave hated being taken from the job he had owned.
Ama Dave hasta bile olsa, sahip olduğu işinden alınmasından nefret ediyordu.

He growled and whimpered as the reins were pulled from his body.
Dizginler vücudundan çekilirken hırladı ve sızlandı.

When he saw Solleks in his place, he cried with broken-hearted pain.
Solleks'i kendi yerinde görünce yüreği parçalanarak ağladı.

The pride of trail work was deep in Dave, even as death approached.
Dave, ölüm yaklaşırken bile, patika çalışmalarının gururunu yaşıyordu.

As the sled moved, Dave floundered through soft snow near the trail.
Kızak hareket ettikçe Dave patikanın yakınındaki yumuşak karda tökezleyerek ilerliyordu.

He attacked Solleks, biting and pushing him from the sled's side.
Solleks'e saldırdı, onu ısırdı ve kızak tarafından itti.

Dave tried to leap into the harness and reclaim his working spot.
Dave koşum takımına atlayıp çalışma yerini geri almaya çalıştı.

He yelped, whined, and cried, torn between pain and pride in labor.
Acıyla emeğinin gururu arasında kalmış bir halde, bağırıyor, sızlanıyor ve ağlıyordu.

The half-breed used his whip to try driving Dave away from the team.
Melez, Dave'i takımdan uzaklaştırmak için kırbacını kullandı.

But Dave ignored the lash, and the man couldn't strike him harder.
Ama Dave kırbacı görmezden geldi ve adam ona daha sert vuramadı.

Dave refused the easier path behind the sled, where snow was packed.

Dave, kızak arkasındaki karın sıkıştırıldığı daha kolay yolu reddetti.

Instead, he struggled in the deep snow beside the trail, in misery.

Bunun yerine, patikanın kenarındaki derin karda sefalet içinde mücadele etti.

Eventually, Dave collapsed, lying in the snow and howling in pain.

Sonunda Dave yere yığıldı, karda yattı ve acı içinde inledi.

He cried out as the long train of sleds passed him one by one.

Uzun kızak kafilesi birer birer yanından geçerken haykırdı.

Still, with what strength remained, he rose and stumbled after them.

Yine de kalan gücüyle ayağa kalktı ve onların peşinden sendeleyerek yürüdü.

He caught up when the train stopped again and found his old sled.

Tren tekrar durduğunda yetişip eski kızaklarını buldu.

He floundered past the other teams and stood beside Solleks again.

Diğer takımların arasından sıyrılıp tekrar Solleks'in yanına geldi.

As the driver paused to light his pipe, Dave took his last chance.

Şoför piposunu yakmak için durduğunda Dave son şansını kullandı.

When the driver returned and shouted, the team didn't move forward.

Şoför geri dönüp bağırdığında ise takım ilerlemedi.

The dogs had turned their heads, confused by the sudden stoppage.

Köpekler, aniden durmanın verdiği şaşkınlıkla başlarını çevirmişlerdi.

The driver was shocked too—the sled hadn't moved an inch forward.

Sürücü de şok olmuştu; kızak bir santim bile ilerlememişti.

He called out to the others to come and see what had happened.

Diğerlerine seslenerek gelip ne olduğunu görmelerini söyledi.

Dave had chewed through Solleks's reins, breaking both apart.

Dave, Solleks'in dizginlerini çiğnemiş, ikisini de parçalamıştı.

Now he stood in front of the sled, back in his rightful position.

Şimdi kızak önünde, hak ettiği pozisyonda duruyordu.

Dave looked up at the driver, silently pleading to stay in the traces.

Dave şoföre baktı, sessizce iz bırakmaması için yalvardı.

The driver was puzzled, unsure of what to do for the struggling dog.

Sürücü, çırpınan köpeği için ne yapacağını bilemeyerek şaşkına döndü.

The other men spoke of dogs who had died from being taken out.

Diğer adamlar dışarı çıkarılıp öldürülen köpeklerden bahsettiler.

They told of old or injured dogs whose hearts broke when left behind.

Yaşlı veya yaralı köpeklerin geride bırakıldıklarında kalplerinin kırıldığını anlattılar.

They agreed it was mercy to let Dave die while still in his harness.

Dave'in hala koşum takımıyla ölmesine izin vermenin bir merhamet olduğunu kabul ettiler.

He was fastened back onto the sled, and Dave pulled with pride.

Kızağa tekrar bağlandı ve Dave gururla çekti.

Though he cried out at times, he worked as if pain could be ignored.

Bazen ağlasa da sanki acıyı görmezden gelebilirmiş gibi çalışıyordu.

More than once he fell and was dragged before rising again.

Birkaç kez düştü ve tekrar ayağa kalkmadan önce sürüklendi.

Once, the sled rolled over him, and he limped from that moment on.

Bir ara kızak üzerinden geçti ve o andan itibaren topallamaya başladı.

Still, he worked until camp was reached, and then lay by the fire.

Yine de kampa varıncaya kadar çalıştı, sonra da ateşin başında uzandı.

By morning, Dave was too weak to travel or even stand upright.

Sabah olduğunda Dave, yola çıkamayacak ve hatta ayakta duramayacak kadar güçsüzdü.

At harness-up time, he tried to reach his driver with trembling effort.

Koşum takımının takılması sırasında titrek bir çabayla sürücüsüne ulaşmaya çalıştı.

He forced himself up, staggered, and collapsed onto the snowy ground.

Kendini zorlayarak ayağa kalktı, sendeledi ve karlı zemine yığıldı.

Using his front legs, he dragged his body toward the harnessing area.

Ön ayaklarını kullanarak vücudunu koşum alanına doğru sürükledi.

He hitched himself forward, inch by inch, toward the working dogs.

Kendini santim santim, çalışan köpeklere doğru çekti.

His strength gave out, but he kept moving in his last desperate push.

Gücü tükendi, ama son çaresiz hamlesiyle hareket etmeye devam etti.

His teammates saw him gasping in the snow, still longing to join them.

Takım arkadaşları onun karda soluk soluğa kaldığını ve hâlâ onlara katılmayı özlediğini gördüler.

They heard him howling with sorrow as they left the camp behind.

Kampı geride bırakırken onun üzüntüyle bağırdığını duydular.

As the team vanished into trees, Dave's cry echoed behind them.

Takım ağaçların arasında kaybolurken Dave'in çığlığı arkalarında yankılandı.

The sled train halted briefly after crossing a stretch of river timber.

Kızak treni, nehir kıyısındaki bir bölümü geçtikten sonra kısa bir süre durdu.

The Scotch half-breed walked slowly back toward the camp behind.

İskoç melezi yavaşça arkadaki kampa doğru yürüdü.

The men stopped speaking when they saw him leave the sled train.

Adamlar onun kızak treninden indiğini görünce konuşmayı bıraktılar.

Then a single gunshot rang out clear and sharp across the trail.

Sonra patikanın karşısından tek bir el silah sesi duyuldu, net ve keskin bir şekilde.

The man returned quickly and took up his place without a word.

Adam hemen geri döndü ve tek kelime etmeden yerini aldı.

Whips cracked, bells jingled, and the sleds rolled on through snow.

Kırbaçlar şaklıyor, çanlar şıngırdadı ve kızaklar karda yol aldı.

But Buck knew what had happened—and so did every other dog.

Ama Buck olan biteni biliyordu; diğer köpekler de biliyordu.

The Toil of Reins and Trail
Dizginlerin ve İz Sürmenin Zorluğu

Thirty days after leaving Dawson, the Salt Water Mail reached Skaguay.

Dawson'dan ayrıldıktan otuz gün sonra Salt Water Mail Skaguay'a ulaştı.

Buck and his teammates pulled the lead, arriving in pitiful condition.

Buck ve takım arkadaşları, acınası bir durumda olsalar da öne geçtiler.

Buck had dropped from one hundred forty to one hundred fifteen pounds.

Buck 75 kilodan 85 kiloya düşmüştü.

The other dogs, though smaller, had lost even more body weight.

Diğer köpekler daha küçük olmalarına rağmen daha fazla kilo kaybetmişlerdi.

Pike, once a fake limper, now dragged a truly injured leg behind him.

Bir zamanlar sahte bir topallama yaşayan Pike, şimdi gerçekten yaralı bacağını arkasından sürüklüyordu.

Solleks was limping badly, and Dub had a wrenched shoulder blade.

Solleks çok topallıyordu ve Dub'ın kürek kemiği de burkulmuştu.

Every dog in the team was footsore from weeks on the frozen trail.

Takımdaki her köpeğin haftalardır buzlu yolda yürümesi nedeniyle ayakları yara içindeydi.

They had no spring left in their steps, only slow, dragging motion.

Adımlarında hiç canlılık kalmamıştı, sadece yavaş, sürünen bir hareket vardı.

Their feet hit the trail hard, each step adding more strain to their bodies.

Ayakları sertçe yola basıyordu, her adımda vücutlarına daha fazla yük biniyordu.

They were not sick, only drained beyond all natural recovery.

Hasta değillerdi, sadece doğal iyileşmenin ötesinde bitkin düşmüşlerdi.

This was not tiredness from one hard day, cured with a night's rest.

Bu, bir gecelik dinlenmeyle düzelen, bir günün yorgunluğu değildi.

It was exhaustion built slowly through months of grueling effort.

Aylarca süren yorucu çabalar sonucunda yavaş yavaş oluşan bir yorgunluktu bu.

No reserve strength remained—they had used up every bit they had.

Hiçbir yedek güçleri kalmamıştı; ellerindeki her zerreyi tüketmişlerdi.

Every muscle, fiber, and cell in their bodies was spent and worn.

Vücutlarındaki her kas, her lif, her hücre tükenmiş ve yıpranmıştı.

And there was a reason—they had covered twenty-five hundred miles.

Ve bunun bir nedeni vardı; iki bin beş yüz mil yol kat etmişlerdi.

They had rested only five days during the last eighteen hundred miles.

Son bin sekiz yüz milde sadece beş gün dinlenmişlerdi.

When they reached Skaguay, they looked barely able to stand upright.

Skaguay'a vardıklarında ayakta durmakta bile güçlük çekiyorlardı.

They struggled to keep the reins tight and stay ahead of the sled.

Dizginleri sıkı tutmak ve kızakların önünde kalmak için çabalıyorlardı.

On downhill slopes, they only managed to avoid being run over.

Yokuş aşağı inerken ise ezilmekten kurtuluyorlardı.

"March on, poor sore feet," the driver said as they limped along.

"Yürümeye devam edin, zavallı yaralı ayaklar," dedi şoför aksayarak ilerlerken.

"This is the last stretch, then we all get one long rest, for sure."

"Bu son bölüm, sonra hepimiz uzun bir dinlenme yapacağız, kesinlikle."

"One truly long rest," he promised, watching them stagger forward.

"Gerçekten uzun bir dinlenme," diye söz verdi, onların sendeleyerek ilerlemesini izlerken.

The drivers expected they were going to now get a long, needed break.

Sürücüler artık uzun ve ihtiyaç duydukları bir molaya kavuşacaklarını umuyorlardı.

They had traveled twelve hundred miles with only two days' rest.

Sadece iki günlük dinlenmeyle bin iki yüz mil yol kat etmişlerdi.

By fairness and reason, they felt they had earned time to relax.

Adil olmak ve akıl yürütmek adına rahatlamak için zaman kazandıklarını düşünüyorlardı.

But too many had come to the Klondike, and too few had stayed home.

Fakat Klondike'a çok fazla kişi gelmişti ve çok azı evde kalmıştı.

Letters from families flooded in, creating piles of delayed mail.

Ailelerden gelen mektuplar, gecikmiş posta yığınlarının oluşmasına neden oldu.

Official orders arrived—new Hudson Bay dogs were going to take over.

Resmi emirler geldi; Hudson Körfezi'ndeki yeni köpekler görevi devralacaktı.

The exhausted dogs, now called worthless, were to be disposed of.

Artık işe yaramaz hale gelen bitkin köpeklerin bertaraf edilmesi gerekiyordu.

Since money mattered more than dogs, they were going to be sold cheaply.

Çünkü köpekler paradan daha önemliydi ve ucuza satılacaklardı.

Three more days passed before the dogs felt just how weak they were.

Köpeklerin ne kadar güçsüz olduklarını anlamaları üç gün daha sürdü.

On the fourth morning, two men from the States bought the whole team.

Dördüncü sabah, Amerika'dan iki adam tüm takımı satın aldı.

The sale included all the dogs, plus their worn harness gear.

Satışa tüm köpekler ve yıpranmış koşum takımları da dahil edildi.

The men called each other "Hal" and "Charles" as they completed the deal.

Anlaşmayı tamamlayan adamlar birbirlerine "Hal" ve "Charles" diye seslendiler.

Charles was middle-aged, pale, with limp lips and fierce mustache tips.

Charles orta yaşlı, solgun yüzlü, sarkık dudaklı ve sert bıyık uçlu bir adamdı.

Hal was a young man, maybe nineteen, wearing a cartridge-stuffed belt.

Hal, on dokuz yaşlarında genç bir adamdı ve fişek dolu bir kemer takıyordu.

The belt held a big revolver and a hunting knife, both unused.

Kemerinde kullanılmamış büyük bir tabanca ve bir av bıçağı vardı.

It showed how inexperienced and unfit he was for northern life.

Kuzey yaşamına ne kadar deneyimsiz ve uygunsuz olduğunu gösteriyordu.

Neither man belonged in the wild; their presence defied all reason.

Hiçbir adam vahşi doğaya ait değildi; onların varlığı her türlü mantığa meydan okuyordu.

Buck watched as money exchanged hands between buyer and agent.

Buck, alıcı ile emlakçı arasında para alışverişinin gerçekleştiğini izledi.

He knew the mail-train drivers were leaving his life like the rest.

Posta treni sürücülerinin de diğerleri gibi hayatından çıkacağını biliyordu.

They followed Perrault and François, now gone beyond recall.

Artık hatırlanamayacak durumda olan Perrault ve François'yı takip ettiler.

Buck and the team were led to their new owners' sloppy camp.

Buck ve ekibi yeni sahiplerinin bakımsız kampına götürüldüler.

The tent sagged, dishes were dirty, and everything lay in disarray.

Çadır çökmüştü, tabaklar kirliydi, her şey darmadağındı.

Buck noticed a woman there too—Mercedes, Charles's wife and Hal's sister.

Buck orada bir kadın daha olduğunu fark etti; Mercedes, Charles'ın karısı ve Hal'in kız kardeşi.

They made a complete family, though far from suited to the trail.

Tam bir aileydiler ama patikaya pek uygun değillerdi.

Buck watched nervously as the trio started packing the supplies.

Buck, üçlünün malzemeleri toplamaya başlamasını gergin bir şekilde izliyordu.

They worked hard but without order—just fuss and wasted effort.

Çok çalışıyorlardı ama düzensiz bir şekilde; sadece telaş ve boşa giden bir emek.

The tent was rolled into a bulky shape, far too large for the sled.

Çadır kızak için çok büyük olacak şekilde yuvarlanıp hantal bir hale getirilmişti.

Dirty dishes were packed without being cleaned or dried at all.

Kirli bulaşıklar hiç temizlenmeden veya kurutulmadan paketleniyordu.

Mercedes fluttered about, constantly talking, correcting, and meddling.

Mercedes sürekli konuşuyor, düzeltiyor ve karışıyordu.

When a sack was placed on front, she insisted it go on the back.

Ön tarafa çuval konulduğunda, çuvalın arka tarafa konulması konusunda ısrarcıydı.

She packed the sack in the bottom, and the next moment she needed it.

Çuvalı dibe yerleştirdi ve bir sonraki an ona ihtiyacı oldu.

So the sled was unpacked again to reach the one specific bag.

Böylece kızak tekrar açılıp belirli bir çantaya ulaşıldı.

Nearby, three men stood outside a tent, watching the scene unfold.

Yakınlarda, üç adam bir çadırın dışında durmuş, olup biteni izliyordu.

They smiled, winked, and grinned at the newcomers' obvious confusion.

Yeni gelenlerin apaçık şaşkınlığına gülümsediler, göz kırptılar ve sırıttılar.

"You've got a right heavy load already," said one of the men.

"Zaten çok ağır bir yükün var," dedi adamlardan biri.

"I don't think you should carry that tent, but it's your choice."

"Bence o çadırı taşımamalısın ama bu senin seçimin."

"Undreamed of!" cried Mercedes, throwing up her hands in despair.

"Aklıma bile gelmedi!" diye haykırdı Mercedes, çaresizlik içinde ellerini havaya kaldırarak.

"How could I possibly travel without a tent to stay under?"

"Çadır altında kalmadan nasıl seyahat edebilirim ki?"

"It's springtime—you won't see cold weather again," the man replied.

"Bahar geldi, bir daha soğuk hava görmeyeceksin," diye cevapladı adam.

But she shook her head, and they kept piling items onto the sled.

Ama o başını iki yana salladı ve onlar eşyaları kızaklara yığmaya devam ettiler.

The load towered dangerously high as they added the final things.

Son şeyler eklendikçe yük tehlikeli bir şekilde yükseldi.

"Think the sled will ride?" asked one of the men with a skeptical look.

"Kızak gidebilir mi sence?" diye sordu adamlardan biri şüpheci bir bakışla.

"Why shouldn't it?" Charles snapped back with sharp annoyance.

"Neden olmasın ki?" diye tersledi Charles, keskin bir sinirle.

"Oh, that's all right," the man said quickly, backing away from offense.

"Ah, sorun değil," dedi adam hemen, gücenmekten kaçınarak.

"I was only wondering—it just looked a bit too top-heavy to me."

"Sadece merak ediyordum, bana biraz fazla üstten ağır göründü."

Charles turned away and tied down the load as best as he could.

Charles arkasını döndü ve yükü elinden geldiğince bağlamaya çalıştı.

But the lashings were loose and the packing poorly done overall.

Ancak bağlamalar gevşekti ve paketleme genel olarak kötü yapılmıştı.

"Sure, the dogs will pull that all day," another man said sarcastically.

"Elbette, köpekler bunu bütün gün çekecektir," dedi başka bir adam alaycı bir şekilde.

"Of course," Hal replied coldly, grabbing the sled's long gee-pole.

"Elbette," diye soğuk bir şekilde cevapladı Hal, kızaktaki uzun gergi çubuğunu tutarak.

With one hand on the pole, he swung the whip in the other.

Bir eli sopanın üzerinde, diğer eliyle kırbacı sallıyordu.

"Let's go!" he shouted. "Move it!" urging the dogs to start.

"Hadi gidelim!" diye bağırdı. "Hadi!" diyerek köpekleri harekete geçmeye teşvik etti.

The dogs leaned into the harness and strained for a few moments.

Köpekler koşum takımına yaslanıp birkaç saniye zorlandılar.

Then they stopped, unable to budge the overloaded sled an inch.

Sonra durdular, aşırı yüklenmiş kızakları bir santim bile oynatamadılar.

"The lazy brutes!" Hal yelled, lifting the whip to strike them.

"Tembel hayvanlar!" diye bağırdı Hal, kırbacı kaldırıp onlara vurarak.

But Mercedes rushed in and seized the whip from Hal's hands.

Ama Mercedes hemen gelip kırbacı Hal'in elinden aldı.

"Oh, Hal, don't you dare hurt them," she cried in alarm.

"Ah Hal, sakın onlara zarar vermeye kalkma," diye korkuyla bağırdı.

"Promise me you'll be kind to them, or I won't go another step."

"Bana onlara karşı nazik olacağına söz ver, yoksa bir adım daha ileri gitmem."

"You don't know a thing about dogs," Hal snapped at his sister.

"Köpekler hakkında hiçbir şey bilmiyorsun," diye çıkıştı Hal kız kardeşine.

"They're lazy, and the only way to move them is to whip them."

"Onlar tembeldir ve onları hareket ettirmenin tek yolu onları kırbaçlamaktır."

"Ask anyone—ask one of those men over there if you doubt me."

"Kime sorsanız sorun, eğer benden şüphe ediyorsanız şuradaki adamlardan birine sorun."

Mercedes looked at the onlookers with pleading, tearful eyes.

Mercedes, yalvaran, yaşlı gözlerle seyircilere baktı.

Her face showed how deeply she hated the sight of any pain.

Yüzünden, acının görüntüsünden ne kadar nefret ettiği anlaşılıyordu.

"They're weak, that's all," one man said. "They're worn out."

"Onlar zayıf, hepsi bu," dedi bir adam. "Yıpranmışlar."

"They need rest—they've been worked too long without a break."

"Dinlenmeye ihtiyaçları var. Uzun süre ara vermeden çalıştırıldılar."

"Rest be cursed," Hal muttered with his lip curled.

"Geri kalanı lanet olsun," diye mırıldandı Hal, dudağını bükerek.

Mercedes gasped, clearly pained by the coarse word from him.

Mercedes, onun bu kaba sözünden dolayı açıkça acı çekerek nefesini tuttu.

Still, she stayed loyal and instantly defended her brother.

Ama yine de sadık kaldı ve hemen kardeşini savundu.

"Don't mind that man," she said to Hal. "They're our dogs."

"O adamı umursama," dedi Hal'e. "Onlar bizim köpeklerimiz."

"You drive them as you see fit—do what you think is right."

"Onları uygun gördüğünüz şekilde yönlendirin, doğru olduğunu düşündüğünüz şeyi yapın."

Hal raised the whip and struck the dogs again without mercy.

Hal kırbacı kaldırdı ve köpeklere yine acımasızca vurdu.

They lunged forward, bodies low, feet pushing into the snow.

İleri doğru atıldılar, vücutları alçaktı, ayakları kara saplanıyordu.

All their strength went into the pull, but the sled wasn't moving.

Bütün güçlerini kızak çekmeye harcıyorlardı ama kızak hareket etmiyordu.

The sled stayed stuck, like an anchor frozen into the packed snow.

Kızak, sıkışmış karın içine donmuş bir çapa gibi saplanıp kalmıştı.

After a second effort, the dogs stopped again, panting hard.

İkinci denemeden sonra köpekler tekrar durdu, soluk soluğaydılar.

Hal raised the whip once more, just as Mercedes interfered again.

Hal, tam Mercedes'in müdahalesi sırasında kırbacı bir kez daha kaldırdı.

She dropped to her knees in front of Buck and hugged his neck.

Buck'ın önünde diz çöktü ve boynuna sarıldı.

Tears filled her eyes as she pleaded with the exhausted dog.

Yorgun köpeğe yalvarırken gözleri yaşlarla doldu.

"You poor dears," she said, "why don't you just pull harder?"

"Zavallıcıklar," dedi, "neden daha sert çekmiyorsunuz?"

"If you pull, then you won't get to be whipped like this."

"Çekersen böyle kırbaçlanmazsın."

Buck disliked Mercedes, but he was too tired to resist her now.

Buck, Mercedes'ten hoşlanmıyordu ama artık ona karşı koyamayacak kadar yorgundu.

He accepted her tears as just another part of the miserable day.

Onun gözyaşlarını, o sefil günün bir parçası olarak kabul etti.

One of the watching men finally spoke after holding back his anger.

İzleyenlerden biri öfkesini bastırdıktan sonra nihayet konuştu.

"I don't care what happens to you folks, but those dogs matter."

"Sizlere ne olacağı umurumda değil ama o köpekler önemli."

"If you want to help, break that sled loose—it's frozen to the snow."

"Yardım etmek istiyorsan, o kızakları çöz, karda donmuş."

"Push hard on the gee-pole, right and left, and break the ice seal."

"Gee-direğine sağa ve sola sertçe bastırın ve buz örtüsünü kırın."

A third attempt was made, this time following the man's suggestion.

Bu kez adamın önerisi üzerine üçüncü bir girişimde bulunuldu.

Hal rocked the sled from side to side, breaking the runners loose.

Hal kızakları bir yandan diğer yana sallayarak kızakların gevşemesini sağladı.

The sled, though overloaded and awkward, finally lurched forward.

Kızak aşırı yüklenmiş ve kullanışsız olmasına rağmen sonunda öne doğru sendeledi.

Buck and the others pulled wildly, driven by a storm of whiplashes.

Buck ve diğerleri, kırbaç darbelerinin etkisiyle çılgınca çekiştiriyorlardı.

A hundred yards ahead, the trail curved and sloped into the street.

Yüz metre ileride patika kıvrılıp sokağa doğru eğimleniyordu.

It was going to have taken a skilled driver to keep the sled upright.

Kızakları dik tutabilmek için yetenekli bir sürücüye ihtiyaç duyulacaktı.

Hal was not skilled, and the sled tipped as it swung around the bend.

Hal beceriksizdi ve kızak virajı dönerken devrildi.

Loose lashings gave way, and half the load spilled onto the snow.

Gevşek bağlar koptu ve yükün yarısı kara döküldü.

The dogs did not stop; the lighter sled flew along on its side.

Köpekler durmadı; daha hafif olan kızak yan yatarak uçtu.

Angry from abuse and the heavy burden, the dogs ran faster.

Kötü muameleden ve ağır yükten öfkelenen köpekler daha hızlı koşmaya başladılar.

Buck, in fury, broke into a run, with the team following behind.

Buck öfkeyle koşmaya başladı, takım da onu takip etti.

Hal shouted "Whoa! Whoa!" but the team paid no attention to him.

Hal "Whoa! Whoa!" diye bağırdı ama takım ona hiç aldırış etmedi.

He tripped, fell, and was dragged along the ground by the harness.

Ayağı kaydı, düştü ve koşum takımı tarafından yerde sürüklendi.

The overturned sled bumped over him as the dogs raced on ahead.

Devrilen kızak köpeklerin önünden geçerken onun üzerinden geçti.

The rest of the supplies scattered across Skaguay's busy street.

Geriye kalan malzemeler Skaguay'ın işlek caddelerine dağılmıştı.

Kind-hearted people rushed to stop the dogs and gather the gear.

İyi kalpli insanlar köpekleri durdurmak ve malzemeleri toplamak için koştular.

They also gave advice, blunt and practical, to the new travelers.

Ayrıca yeni gezginlere açık ve pratik tavsiyelerde bulundular.

"If you want to reach Dawson, take half the load and double the dogs."

"Dawson'a ulaşmak istiyorsanız yükün yarısını alın ve köpek sayısını iki katına çıkarın."

Hal, Charles, and Mercedes listened, though not with enthusiasm.

Hal, Charles ve Mercedes dinliyorlardı ama pek de coşkulu değillerdi.

They pitched their tent and started sorting through their supplies.

Çadırlarını kurup, erzaklarını ayırmaya başladılar.

Out came canned goods, which made onlookers laugh aloud.

Ortaya çıkan konserveler, görenleri kahkahalara boğdu.

"Canned stuff on the trail? You'll starve before that melts," one said.

"Yolda konserve yiyecek mi? Erimeden önce açlıktan ölürsün," dedi biri.

"Hotel blankets? You're better off throwing them all out."

"Otel battaniyeleri mi? Hepsini atsan daha iyi olur."

"Ditch the tent, too, and no one washes dishes here."

"Çadırı da boşaltın, burada kimse bulaşık yıkamaz."

"You think you're riding a Pullman train with servants on board?"

"Sen hizmetçilerin olduğu bir Pullman trenine bindiğini mi sanıyorsun?"

The process began—every useless item was tossed to the side.

Süreç başladı; işe yaramayan her şey bir kenara atıldı.

Mercedes cried when her bags were emptied onto the snowy ground.

Mercedes, çantalarının karlı zemine boşaltılmasıyla ağladı.
She sobbed over every item thrown out, one by one without pause.
Tek tek atılan her eşyaya durmaksızın hıçkıra hıçkıra ağlıyordu.
She vowed not to go one more step—not even for ten Charleses.
Bir adım daha atmamaya yemin etti; on Charles bile olsa.
She begged each person nearby to let her keep her precious things.
Yakınında bulunan herkesten değerli eşyalarını kendisine vermelerini rica ediyordu.
At last, she wiped her eyes and began tossing even vital clothes.
En sonunda gözlerini sildi ve hayati önem taşıyan giysileri bile fırlatmaya başladı.
When done with her own, she began emptying the men's supplies.
Kendi işini bitirince erkeklerinkini boşaltmaya başladı.
Like a whirlwind, she tore through Charles and Hal's belongings.
Bir hortum gibi Charles ve Hal'in eşyalarını parçaladı.
Though the load was halved, it was still far heavier than needed.
Yük yarı yarıya azalmış olsa da, yine de gereğinden çok daha ağırdı.
That night, Charles and Hal went out and bought six new dogs.
O gece Charles ve Hal dışarı çıkıp altı yeni köpek satın aldılar.
These new dogs joined the original six, plus Teek and Koona.
Bu yeni köpekler orijinal altı köpeğe Teek ve Koona'nın da eklenmesiyle eklenmiştir.
Together they made a team of fourteen dogs hitched to the sled.
Kızaklara bağlanan on dört köpekten oluşan bir ekip oluşturdular.

But the new dogs were unfit and poorly trained for sled work.

Ancak yeni köpekler kızak işine uygun değildi ve yetersiz eğitimliydiler.

Three of the dogs were short-haired pointers, and one was a Newfoundland.

Köpeklerden üçü kısa tüylü pointer cinsi, biri ise Newfoundland cinsiydi.

The final two dogs were mutts of no clear breed or purpose at all.

Son iki köpeğin cinsi veya amacı belli olmayan melez köpekler olduğu ortaya çıktı.

They didn't understand the trail, and they didn't learn it quickly.

İzi anlayamadılar ve çabuk öğrenemediler.

Buck and his mates watched them with scorn and deep irritation.

Buck ve arkadaşları onları küçümseyerek ve derin bir öfkeyle izliyorlardı.

Though Buck taught them what not to do, he could not teach duty.

Buck onlara ne yapmamaları gerektiğini öğretse de, görev bilincini öğretemedi.

They didn't take well to trail life or the pull of reins and sleds.

Patikalarda yürümeye, dizgin ve kızakların çekimine pek alışamadılar.

Only the mongrels tried to adapt, and even they lacked fighting spirit.

Sadece melezler uyum sağlamaya çalıştılar, onlar bile mücadele ruhundan yoksundu.

The other dogs were confused, weakened, and broken by their new life.

Diğer köpekler ise yeni hayatlarından dolayı şaşkın, güçsüz ve bitkin durumdaydılar.

With the new dogs clueless and the old ones exhausted, hope was thin.

Yeni köpeklerin hiçbir şeyden haberi olmaması ve eskilerinin de bitkin olması nedeniyle umut zayıftı.

Buck's team had covered twenty-five hundred miles of harsh trail.

Buck'ın ekibi iki bin beş yüz mil zorlu patika yolunu kat etmişti.

Still, the two men were cheerful and proud of their large dog team.

Yine de iki adam neşeliydi ve büyük köpek takımlarıyla gurur duyuyorlardı.

They thought they were traveling in style, with fourteen dogs hitched.

On dört köpeği bir arada taşıyarak şık bir yolculuk yaptıklarını sanıyorlardı.

They had seen sleds leave for Dawson, and others arrive from it.

Dawson'a giden kızakları ve oradan gelen kızakları görmüşlerdi.

But never had they seen one pulled by as many as fourteen dogs.

Ama daha önce hiç on dört köpeğin çektiğini görmemişlerdi.

There was a reason such teams were rare in the Arctic wilderness.

Bu tür takımların Arktik vahşi doğasında nadir olmasının bir nedeni vardı.

No sled could carry enough food to feed fourteen dogs for the trip.

Hiçbir kızak, on dört köpeğin yolculuk boyunca beslenebileceği kadar yiyecek taşıyamazdı.

But Charles and Hal didn't know that—they had done the math.

Ama Charles ve Hal bunu bilmiyorlardı; hesaplamışlardı.

They penciled out the food: so much per dog, so many days, done.

Yiyecekleri şöyle yazdılar: köpek başına şu kadar, şu kadar gün, tamam.

Mercedes looked at their figures and nodded as if it made sense.

Mercedes onların rakamlarına baktı ve sanki mantıklıymış gibi başını salladı.

It all seemed very simple to her, at least on paper.

Her şey ona, en azından kağıt üzerinde, çok basit görünüyordu.

The next morning, Buck led the team slowly up the snowy street.

Ertesi sabah Buck, ekibi karlı sokaktan ağır ağır yukarı doğru yönlendirdi.

There was no energy or spirit in him or the dogs behind him.

Ne kendisinde ne de arkasındaki köpeklerde ne bir enerji ne de bir ruh vardı.

They were dead tired from the start—there was no reserve left.

Baştan itibaren çok yorgunlardı, yedekleri kalmamıştı.

Buck had made four trips between Salt Water and Dawson already.

Buck, Salt Water ile Dawson arasında dört sefer yapmıştı.

Now, faced with the same trail again, he felt nothing but bitterness.

Şimdi aynı iz ile tekrar karşı karşıya geldiğinde hissettiği tek şey burukluktu.

His heart was not in it, nor were the hearts of the other dogs.

Onun yüreği bu işte değildi, diğer köpeklerin yüreği de yoktu.

The new dogs were timid, and the huskies lacked all trust.

Yeni köpekler ürkekti ve Sibirya kurdu da güven duygusundan yoksundu.

Buck sensed he could not rely on these two men or their sister.

Buck, bu iki adama ya da kız kardeşlerine güvenemeyeceğini hissetti.

They knew nothing and showed no signs of learning on the trail.

Hiçbir şey bilmiyorlardı ve yolda hiçbir öğrenme belirtisi göstermiyorlardı.

They were disorganized and lacked any sense of discipline.

Dağınıktılar ve disiplin duygusundan yoksunlardı.

It took them half the night to set up a sloppy camp each time.

Her seferinde özensiz bir kamp kurmaları yarım geceyi alıyordu.

And half the next morning they spent fumbling with the sled again.

Ertesi sabahın yarısını yine kızakla uğraşarak geçirdiler.

By noon, they often stopped just to fix the uneven load.

Öğle vaktine doğru, sadece dengesiz yükü düzeltmek için bile duruyorlardı.

On some days, they traveled less than ten miles in total.

Bazı günler toplamda on milden daha az yol kat ediyorlardı.

Other days, they didn't manage to leave camp at all.

Diğer günlerde ise kamptan hiç ayrılmayı başaramadılar.

They never came close to covering the planned food-distance.

Planlanan yiyecek mesafesine asla yaklaşamadılar.

As expected, they ran short on food for the dogs very quickly.

Beklendiği gibi köpekler için yiyecek çok kısa sürede tükendi.

They made matters worse by overfeeding in the early days.

İlk günlerde aşırı besleme yaparak durumu daha da kötüleştirdiler.

This brought starvation closer with every careless ration.

Her dikkatsiz rasyonla açlık daha da yaklaşıyordu.

The new dogs had not learned to survive on very little.

Yeni köpekler henüz çok az şeyle yaşamayı öğrenmemişlerdi.

They ate hungrily, with appetites too large for the trail.

Yol boyunca yiyebilecekleri kadar büyük iştahlarla, açgözlülükle yediler.

Seeing the dogs weaken, Hal believed the food wasn't enough.

Köpeklerin zayıfladığını gören Hal, verilen yiyeceğin yeterli olmadığını düşündü.

He doubled the rations, making the mistake even worse.

Tazminatı iki katına çıkarınca hata daha da büyüdü.

Mercedes added to the problem with tears and soft pleading.

Mercedes ise gözyaşlarıyla ve yumuşak yalvarışlarla soruna katkıda bulundu.

When she couldn't convince Hal, she fed the dogs in secret.

Hal'i ikna edemeyince köpekleri gizlice besledi.

She stole from the fish sacks and gave it to them behind his back.

Balık çuvallarından çalıp, arkasından onlara verdi.

But what the dogs truly needed wasn't more food — it was rest.

Ancak köpeklerin gerçekten ihtiyaç duyduğu şey daha fazla yiyecek değil, dinlenmeydi.

They were making poor time, but the heavy sled still dragged on.

Zamanları kötüydü ama ağır kızak hâlâ sürükleniyordu.

That weight alone drained their remaining strength each day.

Sadece bu ağırlık bile her gün kalan güçlerini tüketiyordu.

Then came the stage of underfeeding as the supplies ran low.

Daha sonra, kaynaklar azaldığında yetersiz beslenme aşamasına geçildi.

Hal realized one morning that half the dog food was already gone.

Hal bir sabah köpek mamasının yarısının bittiğini fark etti.

They had only traveled a quarter of the total trail distance.

Toplam parkur mesafesinin sadece dörtte birini kat etmişlerdi.

No more food could be bought, no matter what price was offered.

Artık ne fiyat teklif edilirse edilsin, yiyecek satın alınamıyordu.

He reduced the dogs' portions below the standard daily ration.

Köpeklerin porsiyonlarını günlük standart rasyonun altına düşürdü.

At the same time, he demanded longer travel to make up for loss.

Aynı zamanda kayıpların telafisi için daha uzun bir yolculuk talep etti.

Mercedes and Charles supported this plan, but failed in execution.

Mercedes ve Charles bu planı desteklediler ancak uygulamada başarısız oldular.

Their heavy sled and lack of skill made progress nearly impossible.

Ağır kızakları ve beceri eksiklikleri ilerlemeyi neredeyse imkansız hale getiriyordu.

It was easy to give less food, but impossible to force more effort.

Daha az yemek vermek kolaydı, ama daha fazla çaba harcamak imkânsızdı.

They couldn't start early, nor could they travel for extra hours.

Ne erken yola çıkabildiler, ne de ekstra saatlerce yolculuk yapabildiler.

They didn't know how to work the dogs, nor themselves, for that matter.

Ne köpekleri nasıl çalıştıracaklarını biliyorlardı, ne de kendilerini.

The first dog to die was Dub, the unlucky but hardworking thief.

Ölen ilk köpek, talihsiz ama çalışkan hırsız Dub'dı.

Though often punished, Dub had pulled his weight without complaint.

Sık sık cezalandırılsa da Dub, şikayet etmeden üzerine düşeni yapmıştı.

His injured shoulder grew worse without care or needed rest.

Yaralı omzu, bakım görmediği ve istirahat etmesine gerek kalmadığı için daha da kötüleşti.

Finally, Hal used the revolver to end Dub's suffering.

Sonunda Hal, tabancayı kullanarak Dub'ın acısına son verdi.

A common saying claimed that normal dogs die on husky rations.

Yaygın bir söze göre normal köpekler husky rasyonuyla beslenirse ölür.

Buck's six new companions had only half the husky's share of food.

Buck'ın altı yeni arkadaşının yiyeceğinin sadece yarısı kadarı Sibirya kurdunun payına düşüyordu.

The Newfoundland died first, then the three short-haired pointers.

Önce Newfoundland cinsi köpek öldü, ardından üç kısa tüylü av köpeği.

The two mongrels held on longer but finally perished like the rest.

İki melez yavru daha uzun süre dayandılar ama sonunda diğerleri gibi yok oldular.

By this time, all the amenities and gentleness of the Southland were gone.

Bu sırada Güney'in bütün güzellikleri ve nezaketi kalmamıştı.

The three people had shed the last traces of their civilized upbringing.

Üç kişi de medeni terbiyelerinin son izlerini bırakmışlardı.

Stripped of glamour and romance, Arctic travel became brutally real.

Göz kamaştırıcılığından ve romantizminden sıyrılan Arktika seyahatleri acımasızca gerçek oldu.

It was a reality too harsh for their sense of manhood and womanhood.

Bu, onların erkeklik ve kadınlık duygularına ağır gelen bir gerçekti.

Mercedes no longer wept for the dogs, but now wept only for herself.

Mercedes artık köpekler için ağlamıyor, sadece kendisi için ağlıyordu.

She spent her time crying and quarreling with Hal and Charles.

Zamanını ağlayarak ve Hal ve Charles ile kavga ederek geçiriyordu.

Quarreling was the one thing they were never too tired to do.

Kavga etmek, asla yapmaktan yorulmadıkları tek şeydi.

Their irritability came from misery, grew with it, and surpassed it.

Onların sinirlilikleri sefaletten kaynaklanıyordu, sefaletle birlikte büyüyor ve sefaleti aşıyordu.

The patience of the trail, known to those who toil and suffer kindly, never came.

Çalışıp didinenlerin, acı çekenlerin bildiği yol sabrı hiçbir zaman gelmedi.

That patience, which keeps speech sweet through pain, was unknown to them.

Acı içinde sözü tatlı kılan o sabrı bilmiyorlardı.

They had no hint of patience, no strength drawn from suffering with grace.

Onlarda sabırdan eser yoktu, acı çekmekten gelen zarafetten gelen bir güç yoktu.

They were stiff with pain—aching in their muscles, bones, and hearts.

Acıdan kaskatı kesilmişlerdi; kasları, kemikleri ve kalpleri sızlıyordu.

Because of this, they grew sharp of tongue and quick with harsh words.

Bundan dolayı dilleri keskinleşti ve sert söz söylemekte çabuk davrandılar.

Each day began and ended with angry voices and bitter complaints.

Her gün öfkeli sesler ve acı şikayetlerle başlıyor ve bitiyordu.

Charles and Hal wrangled whenever Mercedes gave them a chance.

Charles ve Hal, Mercedes onlara fırsat verdiğinde sürekli kavga ediyorlardı.

Each man believed he did more than his fair share of the work.

Her adam işin adil kısmından fazlasını yaptığına inanıyordu.

Neither ever missed a chance to say so, again and again.

Bunu her ikisi de tekrar tekrar dile getirme fırsatını kaçırmadılar.

Sometimes Mercedes sided with Charles, sometimes with Hal.

Bazen Mercedes Charles'ın, bazen de Hal'in tarafını tutuyordu.

This led to a grand and endless quarrel among the three.

Bu durum üçü arasında büyük ve bitmek bilmeyen bir kavgaya yol açtı.

A dispute over who should chop firewood grew out of control.

Odun kesme işini kimin yapacağı konusunda çıkan anlaşmazlık kontrolden çıktı.

Soon, fathers, mothers, cousins, and dead relatives were named.

Kısa süre sonra babalar, anneler, kuzenler ve ölmüş akrabaların isimleri verildi.

Hal's views on art or his uncle's plays became part of the fight.

Hal'in sanata veya amcasının oyunlarına ilişkin görüşleri mücadelenin bir parçası haline geldi.

Charles's political beliefs also entered the debate.

Charles'ın siyasi görüşleri de tartışmaya dahil oldu.

To Mercedes, even her husband's sister's gossip seemed relevant.

Mercedes'e göre, kocasının kız kardeşinin dedikodusu bile önemliydi.

She aired opinions on that and on many of Charles's family's flaws.

Bu konuda ve Charles'ın ailesinin birçok kusuru hakkında görüşlerini dile getirdi.

While they argued, the fire stayed unlit and camp half set.

Tartışırken ateş söndü, kamp da yarı hazır bir halde kaldı.

Meanwhile, the dogs remained cold and without any food.

Bu arada köpekler üşüyor ve yiyeceksiz kalıyorlardı.

Mercedes held a grievance she considered deeply personal.

Mercedes'in çok kişisel olarak değerlendirdiği bir şikâyeti vardı.

She felt mistreated as a woman, denied her gentle privileges.

Bir kadın olarak kötü muamele gördüğünü, nazik ayrıcalıklarının elinden alındığını hissetti.

She was pretty and soft, and used to chivalry all her life.

Güzel ve yumuşak huyluydu, hayatı boyunca centilmenlik gösterdi.

But her husband and brother now treated her with impatience.

Ama kocası ve kardeşi artık ona sabırsızlıkla yaklaşıyorlardı.

Her habit was to act helpless, and they began to complain.

Çaresizlik içinde davranmayı alışkanlık haline getirmişti ve onlar da şikâyet etmeye başladılar.

Offended by this, she made their lives all the more difficult.

Bu durumdan rahatsız olan kadın, onların hayatını daha da zorlaştırdı.

She ignored the dogs and insisted on riding the sled herself.

Köpekleri görmezden gelip kızaklara kendisi binmekte ısrar etti.

Though light in looks, she weighed one hundred twenty pounds.

Görünüşü zayıf olmasına rağmen, elli kilo ağırlığındaydı.

That added burden was too much for the starving, weak dogs.

Aç ve güçsüz köpekler için bu ek yük çok fazlaydı.

Still, she rode for days, until the dogs collapsed in the reins.

Yine de, köpekler dizginlerde yığılıp kalana kadar günlerce at sırtında gitti.

The sled stood still, and Charles and Hal begged her to walk.

Kızak duruyordu ve Charles ile Hal, onun yürümesini rica ediyorlardı.

They pleaded and entreated, but she wept and called them cruel.

Yalvarıp yakardılar, ama o ağladı ve onlara zalim dedi.

On one occasion, they pulled her off the sled with sheer force and anger.

Bir keresinde onu büyük bir güç ve öfkeyle kızaktan aşağı çektiler.

They never tried again after what happened that time.

O olaydan sonra bir daha hiç denemediler.

She went limp like a spoiled child and sat in the snow.

Şımarık bir çocuk gibi gevşekçe yürüyüp karda oturdu.

They moved on, but she refused to rise or follow behind.

Onlar ilerlediler, ama o ayağa kalkmayı ya da arkalarından gelmeyi reddetti.

After three miles, they stopped, returned, and carried her back.

Üç mil sonra durdular, geri döndüler ve onu geri taşıdılar.

They reloaded her onto the sled, again using brute strength.

Yine kaba kuvvet kullanarak onu kızağa yeniden yüklediler.

In their deep misery, they were callous to the dogs' suffering.

Derin bir acı içinde oldukları için köpeklerin çektiği acılara duyarsızdılar.

Hal believed one must get hardened and forced that belief on others.

Hal, insanın katılaşması gerektiğine inanıyordu ve bu inancı başkalarına da zorla kabul ettiriyordu.

He first tried to preach his philosophy to his sister

Felsefesini ilk önce kız kardeşine vaaz etmeye çalıştı

and then, without success, he preached to his brother-in-law.

ve sonra, başarısızlıkla sonuçlanan bir şekilde, kayınbiraderine vaaz verdi.

He had more success with the dogs, but only because he hurt them.

Köpeklerle daha başarılı oldu ama sadece onlara zarar verdiği için.

At Five Fingers, the dog food ran out of food completely.

Five Fingers'da köpek maması tamamen bitti.

A toothless old squaw sold a few pounds of frozen horse-hide

Dişsiz yaşlı bir kadın birkaç kilo dondurulmuş at derisi sattı

Hal traded his revolver for the dried horse-hide.

Hal, tabancasını kurutulmuş at derisi ile takas etti.

The meat had come from starved horses of cattlemen months before.

Et, aylar önce sığır yetiştiricilerinin aç bırakılmış atlarından gelmişti.

Frozen, the hide was like galvanized iron; tough and inedible.

Dondurulduğunda deri galvanizli demir gibiydi; sert ve yenmezdi.

The dogs had to chew endlessly at the hide to eat it.

Köpekler deriyi yiyebilmek için durmadan çiğnemek zorunda kalıyorlardı.

But the leathery strings and short hair were hardly nourishment.

Ama deri gibi ipler ve kısa saçlar pek de besin değildi.

Most of the hide was irritating, and not food in any true sense.

Derinin büyük kısmı tahriş ediciydi ve gerçek anlamda yiyecek değildi.

And through it all, Buck staggered at the front, like in a nightmare.

Ve tüm bunlar olurken Buck, bir kabustaymış gibi önde sendeledi.

He pulled when able; when not, he lay until whip or club raised him.

Gücü yettiği zaman çekiyor, gücü yetmediği zaman kırbaç veya sopayla kaldırılıncaya kadar yatıyordu.

His fine, glossy coat had lost all stiffness and sheen it once had.

İnce, parlak tüyleri bir zamanlar sahip olduğu sertliği ve parlaklığı kaybetmişti.

His hair hung limp, draggled, and clotted with dried blood from the blows.

Saçları cansız, dağınık ve aldığı darbelerden dolayı kurumuş kanla pıhtılaşmıştı.

His muscles shrank to cords, and his flesh pads were all worn away.

Kasları adeta kordonlara dönüşmüş, et yastıkçıkları aşınmıştı.

Each rib, each bone showed clearly through folds of wrinkled skin.

Her kaburga, her kemik, kırışık deri kıvrımlarının arasından açıkça görünüyordu.

It was heartbreaking, yet Buck's heart could not break.

Yüreği parçalayıcıydı ama Buck'ın yüreği kırılamıyordu.

The man in the red sweater had tested that and proved it long ago.

Kırmızı kazaklı adam bunu çoktan test etmiş ve kanıtlamıştı.

As it was with Buck, so it was with all his remaining teammates.

Buck'ın durumu neyse, diğer takım arkadaşlarının durumu da aynıydı.

There were seven in total, each one a walking skeleton of misery.

Toplam yedi taneydiler, her biri yürüyen birer sefalet iskeletiydi.

They had grown numb to lash, feeling only distant pain.

Kırbaç darbelerine karşı duyarsızlaşmışlardı, yalnızca uzak bir acı hissediyorlardı.

Even sight and sound reached them faintly, as through a thick fog.

Hatta görüntü ve ses bile, yoğun bir sisin içinden geçercesine belli belirsiz duyuluyordu.

They were not half alive—they were bones with dim sparks inside.

Yarı canlı değillerdi; içlerinde sönük kıvılcımlar olan kemiklerdi onlar.

When stopped, they collapsed like corpses, their sparks almost gone.

Durdurulduklarında cesetler gibi yere yığıldılar, kıvılcımları neredeyse yok olmuştu.

And when the whip or club struck again, the sparks fluttered weakly.

Ve kırbaç ya da sopa tekrar vurduğunda kıvılcımlar zayıfça çırpınıyordu.

Then they rose, staggered forward, and dragged their limbs ahead.

Sonra ayağa kalktılar, sendeleyerek ilerlediler ve bacaklarını öne doğru sürüklediler.

One day kind Billee fell and could no longer rise at all.

Bir gün nazik Billee düştü ve bir daha ayağa kalkamadı.

Hal had traded his revolver, so he used an axe to kill Billee instead.

Hal tabancasını takas etmişti, bu yüzden Billee'yi öldürmek için baltayı kullandı.

He struck him on the head, then cut his body free and dragged it away.

Kafasına vurdu, sonra da gövdesini kesip sürükledi.

Buck saw this, and so did the others; they knew death was near.

Buck bunu gördü ve diğerleri de gördü; ölümün yakın olduğunu biliyorlardı.

Next day Koona went, leaving just five dogs in the starving team.

Ertesi gün Koona gitti ve açlık çeken ekipte sadece beş köpek kaldı.

Joe, no longer mean, was too far gone to be aware of much at all.

Joe artık kötü biri değildi, pek bir şeyin farkında olmayacak kadar ileri gitmişti.

Pike, no longer faking his injury, was barely conscious.

Artık yaralıymış gibi davranmayan Pike, bilincini neredeyse kaybetmişti.

Solleks, still faithful, mourned he had no strength to give.

Solleks hâlâ sadıktı, verecek gücünün olmamasına üzülüyordu.

Teek was beaten most because he was fresher, but fading
fast.

Teek daha dinç olduğu ve hızla zayıfladığı için en çok dövülen
kişi oldu.

And Buck, still in the lead, no longer kept order or enforced
it.

Ve hala önde olan Buck artık düzeni sağlayamıyor ve
uygulatmıyordu.

Half blind with weakness, Buck followed the trail by feel
alone.

Güçsüzlükten yarı kör olan Buck, sadece el yordamıyla izi
takip ediyordu.

It was beautiful spring weather, but none of them noticed it.

Güzel bir bahar havasıydı ama hiçbiri bunu fark etmemişti.

Each day the sun rose earlier and set later than before.

Güneş her gün bir öncekinden daha erken doğuyor ve daha
geç batıyordu.

By three in the morning, dawn had come; twilight lasted till
nine.

Sabahın üçü civarında şafak söktü; alacakaranlık dokuza
kadar sürdü.

The long days were filled with the full blaze of spring
sunshine.

Uzun günler bahar güneşinin tüm parlaklığıyla doluydu.

The ghostly silence of winter had changed into a warm
murmur.

Kışın hayaletsi sessizliği sıcak bir mırıltıya dönüşmüştü.

All the land was waking, alive with the joy of living things.

Bütün topraklar canlılığın sevinciyle uyanıyordu.

The sound came from what had lain dead and still through
winter.

Ses, kış boyunca ölü ve hareketsiz yatan bir yerden geliyordu.

Now, those things moved again, shaking off the long frost
sleep.

İşte o şeyler uzun süren don uykusundan uyanarak tekrar
hareketlendiler.

Sap was rising through the dark trunks of the waiting pine trees.

Bekleyen çam ağaçlarının karanlık gövdelerinden özsu sızıyordu.

Willows and aspens burst out bright young buds on each twig.

Söğütler ve kavaklar her dalda parlak genç tomurcuklar açıyor.

Shrubs and vines put on fresh green as the woods came alive.

Orman canlandıkça çalılar ve sarmaşıklar taze yeşilliğe büründü.

Crickets chirped at night, and bugs crawled in daylight sun.

Geceleri cırcır böcekleri ötüyordu, böcekler gündüz güneşinde sürünüyordu.

Partridges boomed, and woodpeckers knocked deep in the trees.

Keklikler ötüyordu, ağaçkakanlar ağaçların derinliklerine dalıp gidiyordu.

Squirrels chattered, birds sang, and geese honked over the dogs.

Sincaplar şakıyor, kuşlar şarkı söylüyor ve kazlar köpeklerin üzerine gaklıyordu.

The wild-fowl came in sharp wedges, flying up from the south.

Güneyden gelen yabani kuşlar keskin kanatlar halinde uçarak geldiler.

From every hillside came the music of hidden, rushing streams.

Her yamaçtan gizli, çağlayan derelerin müziği duyuluyordu.

All things thawed and snapped, bent and burst back into motion.

Her şey eridi, çatladı, eğildi ve tekrar harekete geçti.

The Yukon strained to break the cold chains of frozen ice.

Yukon, donmuş buzun soğuk zincirlerini kırmak için çabalıyordu.

The ice melted underneath, while the sun melted it from above.

Alttaki buzlar erirken, üstteki güneş buzları eritiyordu.

Air-holes opened, cracks spread, and chunks fell into the river.

Hava delikleri açıldı, çatlaklar oluştu ve parçalar nehre düştü.

Amid all this bursting and blazing life, the travelers staggered.

Bütün bu coşkulu ve alevli hayatın ortasında, yolcular sendeledi.

Two men, a woman, and a pack of huskies walked like the dead.

İki adam, bir kadın ve bir Sibirya kurdu sürüsü ölü gibi yürüyordu.

The dogs were falling, Mercedes wept, but still rode the sled.

Köpekler düşüyordu, Mercedes ağlıyordu ama hâlâ kızaktaydı.

Hal cursed weakly, and Charles blinked through watering eyes.

Hal zayıf bir küfür savurdu, Charles ise sulu gözlerini kırpıştırdı.

They stumbled into John Thornton's camp by White River's mouth.

White River'ın ağzında John Thornton'un kampına rastladılar.

When they stopped, the dogs dropped flat, as if all struck dead.

Durduklarında köpekler sanki hepsi ölmüş gibi yere yığıldılar.

Mercedes wiped her tears and looked across at John Thornton.

Mercedes gözyaşlarını sildi ve John Thornton'a baktı.

Charles sat on a log, slowly and stiffly, aching from the trail.

Charles, patikadan dolayı ağrıyan bir kütüğün üzerine yavaşça ve kaskatı oturdu.

Hal did the talking as Thornton carved the end of an axe-handle.

Thornton bir balta sapının ucunu oyarken Hal konuşuyordu.

He whittled birch wood and answered with brief, firm replies.

Huş ağacını yonttu ve kısa, kesin yanıtlar verdi.

When asked, he gave advice, certain it wasn't going to be followed.

Sorulduğunda, uygulanmayacağından emin olduğu tavsiyelerde bulundu.

Hal explained, "They told us the trail ice was dropping out."

Hal, "Bize buzun erimeye başladığını söylediler." diye açıkladı.

"They said we should stay put—but we made it to White River."

"Yerimizde kalmamız gerektiğini söylediler ama White River'a ulaştık."

He ended with a sneering tone, as if to claim victory in hardship.

Sanki zorluklara rağmen zafer kazandığını iddia ediyormuş gibi alaycı bir tonla sözlerini tamamladı.

"And they told you true," John Thornton answered Hal quietly.

"Ve sana doğruyu söylediler," diye cevapladı John Thornton Hal'e sessizce.

"The ice may give way at any moment—it's ready to drop out."

"Buz her an çözülebilir, düşmeye hazır."

"Only blind luck and fools could have made it this far alive."

"Sadece kör şans ve aptallar bu kadar uzağa canlı olarak gelebilirdi."

"I tell you straight, I wouldn't risk my life for all Alaska's gold."

"Size açıkça söylüyorum, Alaska'nın tüm altınları için hayatımı riske atmam."

"That's because you're not a fool, I suppose," Hal answered.

"Sanırım bunun sebebi senin aptal olmaman," diye cevapladı Hal.

"All the same, we'll go on to Dawson." He uncoiled his whip.

"Yine de Dawson'a doğru yola devam edeceğiz." Kırbacını çözdü.

"Get up there, Buck! Hi! Get up! Go on!" he shouted harshly.

"Hadi, Buck! Merhaba! Hadi, kalk! Hadi!" diye sertçe bağırdı.

Thornton kept whittling, knowing fools won't hear reason.

Thornton, aptalların mantığı duymayacağını bilerek kesmeye devam etti.

To stop a fool was futile—and two or three fooled changed nothing.

Bir aptalı durdurmak boşunaydı; iki veya üç aptalın olması da hiçbir şeyi değiştirmiyordu.

But the team didn't move at the sound of Hal's command.

Ancak Hal'in emri üzerine ekip hareket etmedi.

By now, only blows could make them rise and pull forward.

Artık onları ayağa kaldırıp ileri çekebilecek tek şey darbelerdi.

The whip snapped again and again across the weakened dogs.

Kırbaç, zayıf düşen köpeklerin üzerinden tekrar tekrar şaklıyordu.

John Thornton pressed his lips tightly and watched in silence.

John Thornton dudaklarını sıkıca birbirine bastırdı ve sessizce izledi.

Solleks was the first to crawl to his feet under the lash.

Kırbaç darbesi altında ilk ayağa kalkan Solleks oldu.

Then Teek followed, trembling. Joe yelped as he stumbled up.

Sonra Teek titreyerek onu takip etti. Joe sendeleyerek ayağa kalkarken ciyakladı.

Pike tried to rise, failed twice, then finally stood unsteadily.

Pike ayağa kalkmaya çalıştı, iki kez başarısız oldu, sonra en sonunda sendeleyerek ayağa kalktı.

But Buck lay where he had fallen, not moving at all this time.

Ama Buck düştüğü yerde yatıyordu, bu sefer hiç
kıpırdamıyordu.

The whip slashed him over and over, but he made no sound.

Kırbaç ona defalarca vurdu ama o hiç ses çıkarmadı.

He did not flinch or resist, simply remained still and quiet.

Hiçbir şekilde gözünü kırpmadı, direnmedi, sadece hareketsiz
ve sessiz kaldı.

Thornton stirred more than once, as if to speak, but didn't.

Thornton sanki konuşacakmış gibi birden fazla kez
kıpırdandı, ama konuşmadı.

His eyes grew wet, and still the whip cracked against Buck.

Gözleri yaşla doldu, ama kırbaç hâlâ Buck'a çarpıyordu.

At last, Thornton began pacing slowly, unsure of what to do.

Sonunda Thornton ne yapacağını bilemeyerek yavaş yavaş
yürümeye başladı.

It was the first time Buck had failed, and Hal grew furious.

Buck'ın ilk başarısızlığıydı ve Hal öfkelenmeye başladı.

**He threw down the whip and picked up the heavy club
instead.**

Kırbacı yere attı ve onun yerine ağır sopayı aldı.

**The wooden club came down hard, but Buck still did not
rise to move.**

Tahta sopa sertçe yere indi, ama Buck hâlâ hareket etmek için
ayağa kalkmadı.

Like his teammates, he was too weak—but more than that.

Takım arkadaşları gibi o da çok zayıftı; ama bundan da fazlası
vardı.

Buck had decided not to move, no matter what came next.

Buck, bundan sonra ne olursa olsun hareket etmemeye karar
vermişti.

He felt something dark and certain hovering just ahead.

Az ileride karanlık ve kesin bir şeyin havada asılı kaldığını
hissetti.

**That dread had seized him as soon as he reached the
riverbank.**

Nehir kıyısına ulaştığı anda o korku onu ele geçirmişti.

The feeling had not left him since he felt the ice thin under his paws.

Patilerinin altındaki buzun inceldiğini hissettiğinden beri bu his onu terk etmemişti.

Something terrible was waiting—he felt it just down the trail.

Korkunç bir şey bekliyordu; bunu patikanın hemen aşağısında hissetti.

He wasn't going to walk towards that terrible thing ahead

Önündeki o korkunç şeye doğru yürümeyecekti

He was not going to obey any command that took him to that thing.

Kendisini o şeye götürecek hiçbir emre itaat etmeyecekti.

The pain of the blows hardly touched him now—he was too far gone.

Darbelerin acısı artık ona dokunmuyordu, çok ileri gitmişti.

The spark of life flickered low, dimmed beneath each cruel strike.

Hayat kıvılcımı her acımasız darbenin altında zayıflıyor, sönüyordu.

His limbs felt distant; his whole body seemed to belong to another.

Uzuvları uzaklardaydı; bütün bedeni sanki başkasına aitti.

He felt a strange numbness as the pain faded out completely.

Ağrı tamamen geçince garip bir uyuşukluk hissetti.

From far away, he sensed he was being beaten, but barely knew.

Uzaktan dövüldüğünü hissediyordu ama farkında bile değildi.

He could hear the thuds faintly, but they no longer truly hurt.

Gürültüleri belli belirsiz duyabiliyordu ama artık gerçekten acıtmıyordu.

The blows landed, but his body no longer seemed like his own.

Darbeler iniyordu ama bedeni artık kendisine ait değildi.

Then suddenly, without warning, John Thornton gave a wild cry.

Sonra ansızın, hiçbir uyarı olmaksızın, John Thornton vahşi bir çığlık attı.

It was inarticulate, more the cry of a beast than of a man.

Anlaşılmaz bir çığlıktı, bir insandan çok bir hayvanın çığlığını andırıyordu.

He leapt at the man with the club and knocked Hal backward.

Sopayla adamın üzerine atıldı ve Hal'i geriye doğru devirdi.

Hal flew as if struck by a tree, landing hard upon the ground.

Hal sanki bir ağaca çarpmış gibi uçtu ve sert bir şekilde yere indi.

Mercedes screamed aloud in panic and clutched at her face.

Mercedes panikle yüksek sesle çığlık attı ve yüzünü tuttu.

Charles only looked on, wiped his eyes, and stayed seated.

Charles sadece baktı, gözlerini sildi ve oturmaya devam etti.

His body was too stiff with pain to rise or help in the fight.

Vücudu acıdan öylesine kaskatı kesilmişti ki ayağa kalkamıyor ve kavgaya yardım edemiyordu.

Thornton stood over Buck, trembling with fury, unable to speak.

Thornton öfkeden titriyor, konuşamıyordu ve Buck'ın başında duruyordu.

He shook with rage and fought to find his voice through it.

Öfkeden titriyor ve sesini duyurmak için çabalıyordu.

"If you strike that dog again, I'll kill you," he finally said.

"O köpeğe bir daha vurursan seni öldürürüm," dedi sonunda.

Hal wiped blood from his mouth and came forward again.

Hal ağzındaki kanı sildi ve tekrar öne çıktı.

"It's my dog," he muttered. "Get out of the way, or I'll fix you."

"Bu benim köpeğim," diye mırıldandı. "Yoldan çekil, yoksa seni düzeltirim."

"I'm going to Dawson, and you're not stopping me," he added.

"Dawson'a gidiyorum ve sen beni durduramayacaksın" diye ekledi.

Thornton stood firm between Buck and the angry young man.

Thornton, Buck ile öfkeli genç adam arasında kararlı bir şekilde duruyordu.

He had no intention of stepping aside or letting Hal pass.

Kenara çekilmeye veya Hal'in geçmesine izin vermeye hiç niyeti yoktu.

Hal pulled out his hunting knife, long and dangerous in hand.

Hal, elindeki uzun ve tehlikeli av bıçağını çıkardı.

Mercedes screamed, then cried, then laughed in wild hysteria.

Mercedes çığlık attı, sonra ağladı, sonra da çılgınca bir histeri içinde güldü.

Thornton struck Hal's hand with his axe-handle, hard and fast.

Thornton, balta sapıyla Hal'in eline sert ve hızlı bir şekilde vurdu.

The knife was knocked loose from Hal's grip and flew to the ground.

Bıçak Hal'in elinden kurtulup yere uçtu.

Hal tried to pick the knife up, and Thornton rapped his knuckles again.

Hal bıçağı almaya çalıştı, ama Thornton yine parmak eklemlerine vurdu.

Then Thornton stooped down, grabbed the knife, and held it.

Sonra Thornton eğildi, bıçağı aldı ve tuttu.

With two quick chops of the axe-handle, he cut Buck's reins.

Balta sapıyla iki hızlı vuruşla Buck'ın dizginlerini kesti.

Hal had no fight left in him and stepped back from the dog.

Hal'in artık mücadele gücü kalmamıştı ve köpekten uzaklaştı.

Besides, Mercedes needed both arms now to keep her upright.

Ayrıca Mercedes'in ayakta kalabilmesi için artık iki koluna da ihtiyacı vardı.

Buck was too near death to be of use for pulling a sled again.

Buck, kızak çekmek için tekrar kullanılamayacak kadar ölüme yakındı.

A few minutes later, they pulled out, heading down the river.

Birkaç dakika sonra yola çıktılar ve nehre doğru yöneldiler.

Buck raised his head weakly and watched them leave the bank.

Buck başını güçsüzce kaldırdı ve onların bankadan çıkışını izledi.

Pike led the team, with Solleks at the rear in the wheel spot.

Pike takıma liderlik ederken, Solleks ise direksiyon başında en arkada yer aldı.

Joe and Teek walked between, both limping with exhaustion.

Joe ve Teek aralarında yürüyorlardı, ikisi de yorgunluktan topallıyordu.

Mercedes sat on the sled, and Hal gripped the long gee-pole.

Mercedes kızakta oturuyordu, Hal ise uzun gergi çubuğunu tutuyordu.

Charles stumbled behind, his steps clumsy and uncertain.

Charles geride tökezledi, adımları beceriksiz ve kararsızdı.

Thornton knelt by Buck and gently felt for broken bones.

Thornton, Buck'ın yanına diz çöktü ve kırık kemiklerini nazikçe yokladı.

His hands were rough but moved with kindness and care.

Elleri sertti ama şefkat ve özenle hareket ediyordu.

Buck's body was bruised but showed no lasting injury.

Buck'ın vücudu morluklar içindeydi ama kalıcı bir hasar yoktu.

What remained was terrible hunger and near-total weakness.

Geriye korkunç bir açlık ve neredeyse tam bir halsizlik kaldı.

By the time this was clear, the sled had gone far downriver.

Bu netleştiğinde kızak nehrin aşağısına doğru epeyce ilerlemişti.

Man and dog watched the sled slowly crawl over the cracking ice.

Adam ve köpek, kızakların çatlayan buzun üzerinde yavaşça ilerlemesini izliyorlardı.

Then, they saw the sled sink down into a hollow.

Daha sonra kızakların çukurun içine battığını gördüler.

The gee-pole flew up, with Hal still clinging to it in vain.

Çubuk havaya uçtu, Hal ise hâlâ boşuna ona tutunuyordu.

Mercedes's scream reached them across the cold distance.

Mercedes'in çığlığı soğuk mesafeleri aşarak onlara ulaştı.

Charles turned and stepped back—but he was too late.

Charles dönüp geri çekildi, ama çok geçti.

A whole ice sheet gave way, and they all dropped through.

Bütün bir buz tabakası koptu ve hepsi aşağı düştü.

Dogs, sled, and people vanished into the black water below.

Köpekler, kızaklar ve insanlar aşağıdaki karanlık suda kaybolup gittiler.

Only a wide hole in the ice was left where they had passed.

Geçtikleri yerde sadece buzda geniş bir delik kalmıştı.

The trail's bottom had dropped out—just as Thornton warned.

Thornton'un uyardığı gibi, patikanın tabanı çökmüştü.

Thornton and Buck looked at one another, silent for a moment.

Thornton ve Buck bir an sessiz kalarak birbirlerine baktılar.

"You poor devil," said Thornton softly, and Buck licked his hand.

"Zavallı şeytan," dedi Thornton yumuşak bir sesle ve Buck elini yaladı.

For the Love of a Man
Bir Adamın Aşkı İçin

John Thornton froze his feet in the cold of the previous December.

John Thornton, geçen Aralık ayındaki soğukta ayaklarını dondurmuştu.

His partners made him comfortable and left him to recover alone.

Ortakları onu rahatlattılar ve iyileşmesi için yalnız bıraktılar.

They went up the river to gather a raft of saw-logs for Dawson.

Dawson için bir sal kereste toplamak üzere nehre doğru gittiler.

He was still limping slightly when he rescued Buck from death.

Buck'ı ölümden kurtardığında hâlâ hafifçe topallıyordu.

But with warm weather continuing, even that limp disappeared.

Ancak havaların ısınmasıyla birlikte aksama da ortadan kalktı.

Lying by the riverbank during long spring days, Buck rested.

Uzun bahar günlerinde Buck nehir kıyısında uzanıp dinleniyordu.

He watched the flowing water and listened to birds and insects.

Akan suyu izliyor, kuşların ve böceklerin seslerini dinliyordu.

Slowly, Buck regained his strength under the sun and sky.

Buck, güneşin ve gökyüzünün altında yavaş yavaş gücünü yeniden kazandı.

A rest felt wonderful after traveling three thousand miles.

Üç bin mil yol kat ettikten sonra dinlenmek harika bir duyguydu.

Buck became lazy as his wounds healed and his body filled out.

Buck, yaraları iyileştikçe ve vücudu dolgunlaştıkça tembelleşti.

His muscles grew firm, and flesh returned to cover his bones.

Kasları güçlendi ve kemikleri etle kaplandı.

They were all resting—Buck, Thornton, Skeet, and Nig.

Hepsi dinleniyordu: Buck, Thornton, Skeet ve Nig.

They waited for the raft that was going to carry them down to Dawson.

Kendilerini Dawson'a götürecek olan salı beklediler.

Skeet was a small Irish setter who made friends with Buck.

Skeet, Buck ile arkadaş olan küçük bir İrlanda setteriydi.

Buck was too weak and ill to resist her at their first meeting.

Buck, ilk karşılaşmalarında ona karşı koyamayacak kadar zayıf ve hastaydı.

Skeet had the healer trait that some dogs naturally possess.

Skeet, bazı köpeklerin doğuştan sahip olduğu şifacı özelliğe sahipti.

Like a mother cat, she licked and cleaned Buck's raw wounds.

Bir anne kedi gibi Buck'ın açık yaralarını yalayıp temizliyordu.

Every morning after breakfast, she repeated her careful work.

Her sabah kahvaltıdan sonra özenli çalışmalarını tekrarlıyordu.

Buck came to expect her help as much as he did Thornton's.

Buck, Thornton'ın yardımını beklediği kadar onun da yardımını bekliyordu.

Nig was friendly too, but less open and less affectionate.

Nig de arkadaş canlısıydı ama daha az açık sözlü ve daha az şefkatliydi.

Nig was a big black dog, part bloodhound and part deerhound.

Nig, yarı tazı yarı geyik tazısı olan büyük, siyah bir köpekti.

He had laughing eyes and endless good nature in his spirit.

Gülen gözleri ve sonsuz bir iyilik ruhu vardı.

To Buck's surprise, neither dog showed jealousy toward him.

Buck'ın şaşkınlığına rağmen, iki köpek de ona karşı kıskançlık göstermiyordu.

Both Skeet and Nig shared the kindness of John Thornton.
Hem Skeet hem de Nig, John Thornton'ın nezaketini paylaşıyordu.

As Buck got stronger, they lured him into foolish dog games.
Buck güçlendikçe onu aptalca köpek oyunlarına çekmeye başladılar.

Thornton often played with them too, unable to resist their joy.
Thornton da sık sık onlarla oynuyordu, onların neşesine dayanamıyordu.

In this playful way, Buck moved from illness to a new life.
Buck, bu eğlenceli yolla hastalıktan yeni bir hayata doğru yol aldı.

Love—true, burning, and passionate love—was his at last.
Aşk—gerçek, yakıcı ve tutkulu aşk—en sonunda onun olmuştu.

He had never known this kind of love at Miller's estate.
Miller'ın malikanesinde böyle bir aşkı hiç tatmamıştı.

With the Judge's sons, he had shared work and adventure.
Yargıcın oğullarıyla birlikte hem işi hem de macerayı paylaşmıştı.

With the grandsons, he saw stiff and boastful pride.
Torunlarında ise katı ve övüngen bir gurur gördü.

With Judge Miller himself, he had a respectful friendship.
Yargıç Miller'la arasında saygılı bir dostluk vardı.

But love that was fire, madness, and worship came with Thornton.
Ama ateş, delilik ve tapınma olan aşk Thornton'la geldi.

This man had saved Buck's life, and that alone meant a great deal.
Bu adam Buck'ın hayatını kurtarmıştı ve bu bile tek başına çok şey ifade ediyordu.

But more than that, John Thornton was the ideal kind of master.
Ama bundan da öte, John Thornton ideal türden bir ustaydı.

Other men cared for dogs out of duty or business necessity.

Diğer adamlar ise görev gereği veya iş gereği köpek bakıyorlardı.

John Thornton cared for his dogs as if they were his children.

John Thornton köpeklerine sanki çocuklarıymış gibi bakıyordu.

He cared for them because he loved them and simply could not help it.

Onlara değer veriyordu çünkü onları seviyordu ve buna engel olamıyordu.

John Thornton saw even further than most men ever managed to see.

John Thornton çoğu insanın görebildiğinden daha uzağı gördü.

He never forgot to greet them kindly or speak a cheering word.

Onları selamlamayı, onlara güzel sözler söylemeyi hiç ihmal etmiyordu.

He loved sitting down with the dogs for long talks, or "gassy," as he said.

Köpeklerle oturup uzun sohbetler etmeyi severdi, ya da kendi deyimiyle "gazlı" sohbetler etmeyi.

He liked to seize Buck's head roughly between his strong hands.

Buck'ın başını güçlü ellerinin arasına sertçe almaktan hoşlanıyordu.

Then he rested his own head against Buck's and shook him gently.

Sonra başını Buck'ın başına yasladı ve onu hafifçe salladı.

All the while, he called Buck rude names that meant love to Buck.

Bu arada Buck'a kaba isimler takıyordu, bu Buck için aşk anlamına geliyordu.

To Buck, that rough embrace and those words brought deep joy.

Buck için o sert kucaklaşma ve o sözler derin bir mutluluk getirdi.

His heart seemed to shake loose with happiness at each movement.

Her hareketinde yüreği mutluluktan yerinden fırlayacak gibiydi.

When he sprang up afterward, his mouth looked like it laughed.

Sonra ayağa kalktığında ağzı sanki gülüyormuş gibi görünüyordu.

His eyes shone brightly and his throat trembled with unspoken joy.

Gözleri ışıl ışıl parlıyor, boğazı dile getiremediği bir sevinçle titriyordu.

His smile stood still in that state of emotion and glowing affection.

O duygu ve parıldayan şefkat hali içinde gülümsemesi hâlâ duruyordu.

Then Thornton exclaimed thoughtfully, "God! he can almost speak!"

Sonra Thornton düşünceli bir şekilde haykırdı, "Tanrım! Neredeyse konuşabiliyor!"

Buck had a strange way of expressing love that nearly caused pain.

Buck'ın sevgiyi ifade etme biçimi neredeyse acıya sebep olacak kadar tuhaftı.

He often griped Thornton's hand in his teeth very tightly.

Thornton'un elini sık sık dişlerinin arasına alırdı.

The bite was going to leave deep marks that stayed for some time after.

Isırığın derin izleri bir süre daha kalacaktı.

Buck believed those oaths were love, and Thornton knew the same.

Buck bu yeminlerin sevgi olduğuna inanıyordu ve Thornton da aynı şeyi biliyordu.

Most often, Buck's love showed in quiet, almost silent adoration.

Buck'ın sevgisi çoğu zaman sessiz, neredeyse sessiz bir hayranlıkla kendini gösteriyordu.

Though thrilled when touched or spoken to, he did not seek attention.

Dokunulduğunda veya kendisiyle konuşulduğunda heyecanlansa da, ilgi çekmeye çalışmıyordu.

Skeet nudged her nose under Thornton's hand until he petted her.

Skeet, Thornton'ın elinin altına burnunu soktu ve okşadı.

Nig walked up quietly and rested his large head on Thornton's knee.

Nig sessizce yaklaştı ve büyük başını Thornton'un dizine yasladı.

Buck, in contrast, was satisfied to love from a respectful distance.

Buck ise saygılı bir mesafeden sevmekten memnundu.

He lied for hours at Thornton's feet, alert and watching closely.

Thornton'un ayaklarının dibinde saatlerce uyanık bir şekilde yattı ve dikkatle izledi.

Buck studied every detail of his master's face and slightest motion.

Buck, efendisinin yüzündeki her ayrıntıyı ve en ufak hareketi inceledi.

Or lied farther away, studying the man's shape in silence.

Ya da daha uzağa uzanıp sessizce adamın siluetini inceledi.

Buck watched each small move, each shift in posture or gesture.

Buck her küçük hareketi, her duruş veya jest değişikliğini izliyordu.

So powerful was this connection that often pulled Thornton's gaze.

Bu bağ o kadar güçlüydü ki sık sık Thornton'un bakışlarını üzerine çekiyordu.

He met Buck's eyes with no words, love shining clearly through.

Hiçbir şey söylemeden Buck'ın gözleriyle buluştu, gözlerinden açıkça sevgi akıyordu.

For a long while after being saved, Buck never let Thornton out of sight.

Kurtarıldıktan sonra bile Buck, Thornton'ı uzun süre gözden kaybetmedi.

Whenever Thornton left the tent, Buck followed him closely outside.

Thornton çadırdan her çıktığında Buck onu yakından takip ederek dışarı çıkıyordu.

All the harsh masters in the Northland had made Buck afraid to trust.

Kuzey'deki bütün sert efendiler Buck'ın güvenmekten korkmasına neden olmuştu.

He feared no man could remain his master for more than a short time.

Hiçbir adamın kısa bir süreden fazla efendisi kalamayacağından korkuyordu.

He feared John Thornton was going to vanish like Perrault and François.

John Thornton'un Perrault ve François gibi ortadan kaybolacağından korkuyordu.

Even at night, the fear of losing him haunted Buck's restless sleep.

Buck'ın huzursuz uykuları, onu kaybetme korkusuyla geceleri bile devam ediyordu.

When Buck woke, he crept out into the cold, and went to the tent.

Buck uyandığında, soğuk havaya çıktı ve çadıra gitti.

He listened carefully for the soft sound of breathing inside.

İçeriden gelen yumuşak nefes sesini dikkatle dinledi.

Despite Buck's deep love for John Thornton, the wild stayed alive.

Buck'ın John Thornton'a olan derin aşkına rağmen vahşi doğa hayatta kalmayı başardı.

That primitive instinct, awakened in the North, did not disappear.

Kuzey'de uyanan o ilkel içgüdü kaybolmadı.

Love brought devotion, loyalty, and the fire-side's warm bond.

Aşk, bağlılığı, sadakati ve şöminenin sıcak bağını getirdi.

But Buck also kept his wild instincts, sharp and ever alert.

Ama Buck aynı zamanda vahşi içgüdülerini, keskin ve her zaman tetikte olmayı da sürdürdü.

He was not just a tamed pet from the soft lands of civilization.

O, uygarlığın yumuşak topraklarından gelen evcil bir evcil hayvan değildi.

Buck was a wild being who had come in to sit by Thornton's fire.

Buck, Thornton'un ateşinin yanına oturmaya gelen vahşi bir varlıktı.

He looked like a Southland dog, but wildness lived within him.

Güneyli bir köpeğe benziyordu ama içinde vahşilik yaşıyordu.

His love for Thornton was too great to allow theft from the man.

Thornton'a olan sevgisi, adamın malını çalmasına izin vermeyecek kadar büyüktü.

But in any other camp, he would steal boldly and without pause.

Ama başka bir kampta olsaydı, hiç duraksamadan ve cüretkarca çalardı.

He was so clever in stealing that no one could catch or accuse him.

Hırsızlıkta o kadar ustaydı ki, kimse onu yakalayamıyor ve suçlayamıyordu.

His face and body were covered in scars from many past fights.

Yüzü ve vücudu geçmişteki birçok kavgadan kalma yara izleriyle doluydu.

Buck still fought fiercely, but now he fought with more cunning.

Buck hâlâ sert bir şekilde dövüşüyordu ama artık daha kurnazca dövüşüyordu.

Skeet and Nig were too gentle to fight, and they were Thornton's.

Skeet ve Nig dövüşemeyecek kadar naziktiler ve onlar Thornton'ındı.

But any strange dog, no matter how strong or brave, gave way.

Ama ne kadar güçlü veya cesur olursa olsun, herhangi bir yabancı köpek ona boyun eğiyordu.

Otherwise, the dog found itself battling Buck; fighting for its life.

Aksi takdirde köpek kendini Buck'la savaşırken, yaşam mücadelesi verirken bulacaktı.

Buck had no mercy once he chose to fight against another dog.

Buck, bir başka köpekle dövüşmeyi seçtiğinde hiç merhamet göstermedi.

He had learned well the law of club and fang in the Northland.

Kuzey'de sopa ve diş yasasını iyi öğrenmişti.

He never gave up an advantage and never backed away from battle.

Hiçbir zaman elindeki avantajı kaybetmedi ve savaştan geri adım atmadı.

He had studied Spitz and the fiercest dogs of mail and police.

Spitz'i ve posta ve polis köpeklerinin en vahşilerini incelemişti.

He knew clearly there was no middle ground in wild combat.

Vahşi bir mücadelede orta yol olmadığını açıkça biliyordu.

He must rule or be ruled; showing mercy meant showing weakness.

Yönetmek ya da yönetilmek gerekiyordu; merhamet göstermek, acizlik göstermek anlamına geliyordu.

Mercy was unknown in the raw and brutal world of survival.

Hayatta kalma mücadelesinin acımasız ve vahşi dünyasında merhamet bilinmiyordu.

To show mercy was seen as fear, and fear led quickly to death.

Merhamet göstermek korku olarak görülüyordu ve korku da hızla ölüme yol açıyordu.

The old law was simple: kill or be killed, eat or be eaten.

Eski yasa basitti: öldür ya da öldürül, ye ya da yen.

That law came from the depths of time, and Buck followed it fully.

Bu yasa zamanın derinliklerinden geliyordu ve Buck da bu yasaya harfiyen uyuyordu.

Buck was older than his years and the number of breaths he took.

Buck, yaşından ve aldığı nefes sayısından daha yaşlıydı.

He connected the ancient past with the present moment clearly.

Eski geçmişi günümüzle net bir şekilde bağdaştırdı.

The deep rhythms of the ages moved through him like the tides.

Çağların derin ritimleri gelgitler gibi onun içinden geçiyordu.

Time pulsed in his blood as surely as seasons moved the earth.

Zaman, mevsimlerin dünyayı hareket ettirmesi gibi, kanında da aynı kesinlikle atıyordu.

He sat by Thornton's fire, strong-chested and white-fanged.

Thornton'un ateşinin başında oturuyordu, güçlü göğüslüydü ve dişleri beyazdı.

His long fur waved, but behind him the spirits of wild dogs watched.

Uzun tüyleri dalgalanıyordu ama arkasında vahşi köpeklerin ruhları onu izliyordu.

Half-wolves and full wolves stirred within his heart and senses.

Yüreğinde ve duyularında yarı kurtlar ve tam kurtlar kıpırdanıyordu.

They tasted his meat and drank the same water that he did.

Onun etinin tadına baktılar ve onunla aynı suyu içtiler.

They sniffed the wind alongside him and listened to the forest.

Onunla birlikte rüzgârı kokluyor, ormanı dinliyorlardı.

They whispered the meanings of the wild sounds in the darkness.

Karanlıkta duyulan vahşi seslerin anlamlarını fısıldadılar.

They shaped his moods and guided each of his quiet reactions.

Onun ruh hallerini şekillendiriyor ve her sessiz tepkisine rehberlik ediyorlardı.

They lay with him as he slept and became part of his deep dreams.

Uyurken yanında yatıyorlardı ve onun derin rüyalarının bir parçası oluyorlardı.

They dreamed with him, beyond him, and made up his very spirit.

Onunla birlikte, ondan ötede rüya gördüler ve onun ruhunu oluşturdular.

The spirits of the wild called so strongly that Buck felt pulled.

Vahşi doğanın ruhları öyle güçlü bir şekilde sesleniyordu ki Buck kendini çekilmiş hissetti.

Each day, mankind and its claims grew weaker in Buck's heart.

Her geçen gün insanlık ve iddiaları Buck'ın yüreğinde biraz daha zayıflıyordu.

Deep in the forest, a strange and thrilling call was going to rise.

Ormanın derinliklerinden, tuhaf ve heyecan verici bir çağrı yükselecekti.

Every time he heard the call, Buck felt an urge he could not resist.

Buck her çağrıyı duyduğunda karşı koyamadığı bir dürtü hissediyordu.

He was going to turn from the fire and from the beaten human paths.

Ateşten ve insanların çiğnediği yollardan yüz çevirecekti.

He was going to plunge into the forest, going forward without knowing why.

Nedenini bilmeden ormana doğru ilerleyecekti.

He did not question this pull, for the call was deep and powerful.

Bu çekimi sorgulamadı, çünkü çağrı derin ve güçlüydü.

Often, he reached the green shade and soft untouched earth

Sık sık yeşil gölgeye ve yumuşak, el değmemiş toprağa ulaştı

But then the strong love for John Thornton pulled him back to the fire.

Ama sonra John Thornton'a duyduğu güçlü aşk onu tekrar ateşe çekti.

Only John Thornton truly held Buck's wild heart in his grasp.

Buck'ın vahşi yüreğini gerçekten kavrayan tek kişi John Thornton'dı.

The rest of mankind had no lasting value or meaning to Buck.

Buck için insanlığın geri kalanının kalıcı bir değeri veya anlamı yoktu.

Strangers might praise him or stroke his fur with friendly hands.

Yabancılar onu övebilir veya dost elleriyle tüylerini okşayabilirler.

Buck remained unmoved and walked off from too much affection.

Buck, fazla sevgiden dolayı tepkisiz kaldı ve uzaklaştı.

Hans and Pete arrived with the raft that had long been awaited

Hans ve Pete uzun zamandır beklenen salla geldiler

Buck ignored them until he learned they were close to Thornton.

Buck, Thornton'a yaklaştıklarını öğrenene kadar onları görmezden geldi.

After that, he tolerated them, but never showed them full warmth.

Ondan sonra onlara tahammül etti ama hiçbir zaman tam sıcaklık göstermedi.

He took food or kindness from them as if doing them a favor.

Sanki onlara bir iyilik yapıyormuş gibi onlardan yiyecek veya iyilik alıyordu.

They were like Thornton—simple, honest, and clear in thought.

Onlar da Thornton gibiydiler; sade, dürüst ve düşünceleri açıktı.

All together they traveled to Dawson's saw-mill and the great eddy

Hep birlikte Dawson'ın kereste fabrikasına ve büyük girdaba doğru yola çıktılar

On their journey the learned to understand Buck's nature deeply.

Yolculukları sırasında Buck'ın doğasını derinlemesine anlamaya başladılar.

They did not try to grow close like Skeet and Nig had done.

Skeet ve Nig'in yaptığı gibi yakınlaşmaya çalışmadılar.

But Buck's love for John Thornton only deepened over time.

Ancak Buck'ın John Thornton'a olan aşkı zamanla daha da derinleşti.

Only Thornton could place a pack on Buck's back in the summer.

Yazın Buck'ın sırtına bir paket koyabilecek tek kişi Thornton'dı.

Whatever Thornton commanded, Buck was willing to do fully.

Thornton ne emrederse Buck onu tam olarak yapmaya hazırdı.

One day, after they left Dawson for the headwaters of the Tanana,

Bir gün, Dawson'dan ayrılıp Tanana'nın kaynaklarına doğru yola çıktıklarında,

the group sat on a cliff that dropped three feet to bare bedrock.

Grup, üç metre derinliğindeki çıplak kayanın olduğu bir uçurumun üzerine oturdu.

John Thornton sat near the edge, and Buck rested beside him.

John Thornton kenarda oturuyordu ve Buck da onun yanında dinleniyordu.

Thornton had a sudden thought and called the men's attention.

Thornton'un aklına aniden bir fikir geldi ve adamların dikkatini çekti.

He pointed across the chasm and gave Buck a single command.

Uçurumun öte tarafını işaret etti ve Buck'a tek bir emir verdi.

"Jump, Buck!" he said, swinging his arm out over the drop.

"Atla, Buck!" dedi ve kolunu uçurumun üzerinden savurdu.

In a moment, he had to grab Buck, who was leaping to obey.

Bir an sonra, itaat etmek için sıçrayan Buck'ı yakalamak zorundaydı.

Hans and Pete rushed forward and pulled both back to safety.

Hans ve Pete ileri atılıp ikisini de güvenli bir yere çektiler.

After all ended, and they had caught their breath, Pete spoke up.

Her şey bittikten ve nefesler tutulduktan sonra Pete konuştu.

"The love's uncanny," he said, shaken by the dog's fierce devotion.

"Aşk çok tuhaf," dedi, köpeğin vahşi bağlılığından sarsılarak.

Thornton shook his head and replied with calm seriousness.

Thornton başını iki yana salladı ve sakin bir ciddiyetle cevap verdi.

"No, the love is splendid," he said, "but also terrible."

"Hayır, aşk muhteşemdir," dedi, "ama aynı zamanda korkunçtur."

"Sometimes, I must admit, this kind of love makes me afraid."

"Bazen itiraf etmeliyim ki, bu tür aşk beni korkutuyor."

Pete nodded and said, "I'd hate to be the man who touches you."

Pete başını salladı ve "Sana dokunan adam olmaktan nefret ederim." dedi.

He looked at Buck as he spoke, serious and full of respect.

Konuşurken Buck'a ciddi ve saygılı bir şekilde baktı.

"Py Jingo!" said Hans quickly. "Me either, no sir."

"Py Jingo!" dedi Hans hemen. "Ben de, hayır efendim."

Before the year ended, Pete's fears came true at Circle City.

Yıl bitmeden Pete'in korkuları Circle City'de gerçek oldu.

A cruel man named Black Burton picked a fight in the bar.

Black Burton adında zalim bir adam barda kavga çıkardı.

He was angry and malicious, lashing out at a new tenderfoot.

Öfkeliydi ve kötü niyetliydi, yeni gelen bir acemiye saldırıyordu.

John Thornton stepped in, calm and good-natured as always.

John Thornton her zamanki gibi sakin ve iyi huylu bir şekilde araya girdi.

Buck lay in a corner, head down, watching Thornton closely.

Buck, başını öne eğmiş bir şekilde köşede yatıyor, Thornton'ı dikkatle izliyordu.

Burton suddenly struck, his punch sending Thornton spinning.

Burton aniden saldırdı ve yumruğu Thornton'ı döndürdü.

Only the bar's rail kept him from crashing hard to the ground.

Sadece barın korkuluğu onun sert bir şekilde yere çakılmasını engelledi.

The watchers heard a sound that was not bark or yelp

Gözlemciler havlama veya uluma olmayan bir ses duydular

a deep roar came from Buck as he launched toward the man.

Buck adama doğru atılırken derin bir kükreme duyuldu.

Burton threw his arm up and barely saved his own life.
Burton kolunu havaya kaldırdı ve canını zor kurtardı.
Buck crashed into him, knocking him flat onto the floor.
Buck ona çarptı ve onu yere serdi.
Buck bit deep into the man's arm, then lunged for the throat.
Buck adamın kolunu ısırdı, sonra da boğazına doğru hamle
yaptı.
Burton could only partly block, and his neck was torn open.
Burton ancak kısmen bloke edebildi ve boynu yarıldı.
**Men rushed in, clubs raised, and drove Buck off the
bleeding man.**
Adamlar sopalarını kaldırarak içeri daldılar ve Buck'ı kanayan
adamın üzerinden attılar.
**A surgeon worked quickly to stop the blood from flowing
out.**
Bir cerrah hızla kanın dışarı akmasını durdurmak için
harekete geçti.
Buck paced and growled, trying to attack again and again.
Buck volta atıyor ve homurdanıyor, tekrar tekrar saldırmaya
çalışıyordu.
Only swinging clubs kept him back from reaching Burton.
Burton'a ulaşmasını engelleyen tek şey sopaları sallamaktı.
**A miners' meeting was called and held right there on the
spot.**
Hemen orada bir madenci toplantısı düzenlendi.
**They agreed Buck had been provoked and voted to set him
free.**
Buck'ın kışkırtıldığını kabul ettiler ve serbest bırakılması
yönünde oy kullandılar.
But Buck's fierce name now echoed in every camp in Alaska.
Ama Buck'ın sert adı artık Alaska'daki her kampta
yankılanıyordu.
Later that fall, Buck saved Thornton again in a new way.
Aynı sonbaharda Buck, Thornton'u yeni bir şekilde kurtardı.
The three men were guiding a long boat down rough rapids.
Üç adam, uzun bir tekneyi engebeli akıntılarda
yönlendiriyorlardı.

Thornton maned the boat, calling directions to the shoreline.
Thornton tekneyi yönetiyor ve kıyı şeridine giden yolu tarif ediyordu.
Hans and Pete ran on land, holding a rope from tree to tree.
Hans ve Pete ağaçtan ağaca ip tutarak karada koştular.
Buck kept pace on the bank, always watching his master.
Buck, efendisini sürekli gözetleyerek kıyıda ilerliyordu.
At one nasty place, rocks jutted out under the fast water.
Hızlı akan suyun altında çirkin bir yerde kayalar belirdi.
Hans let go of the rope, and Thornton steered the boat wide.
Hans ipi bıraktı ve Thornton tekneyi geniş bir açıyla dümenledi.
Hans sprinted to catch the boat again past the dangerous rocks.
Hans tehlikeli kayaların yanından geçip tekneye yetişmek için hızla koştu.
The boat cleared the ledge but hit a stronger part of the current.
Tekne çıkıntıdan kurtuldu ancak akıntının daha güçlü bir kısmına çarptı.
Hans grabbed the rope too quickly and pulled the boat off balance.
Hans ipi çok hızlı yakaladı ve teknenin dengesini bozdu.
The boat flipped over and slammed into the bank, bottom up.
Tekne alabora oldu ve dipten yukarı doğru kıyıya çarptı.
Thornton was thrown out and swept into the wildest part of the water.
Thornton dışarı atıldı ve suyun en vahşi noktasına sürüklendi.
No swimmer could have survived in those deadly, racing waters.
Hiçbir yüzücü o ölümcül, hızlı sularda hayatta kalamazdı.
Buck jumped in instantly and chased his master down the river.
Buck hemen atıldı ve efendisini nehir boyunca kovaladı.
After three hundred yards, he reached Thornton at last.

Üç yüz metre kadar yürüdükten sonra sonunda Thornton'a ulaştı.

Thornton grabbed Buck's tail, and Buck turned for the shore.

Thornton, Buck'ın kuyruğunu yakaladı ve Buck kıyıya doğru döndü.

He swam with full strength, fighting the water's wild drag.

Suyun vahşi sürüklenmesine karşı koyarak tüm gücüyle yüzdü.

They moved downstream faster than they could reach the shore.

Kıyıya ulaşabileceklerinden daha hızlı bir şekilde akıntı yönünde hareket ettiler.

Ahead, the river roared louder as it fell into deadly rapids.

Önümüzde, nehir ölümcül akıntılara doğru akarken daha da gürültülü bir şekilde kükredi.

Rocks sliced through the water like the teeth of a huge comb.

Kayalar, büyük bir tarağın dişleri gibi suyu kesiyordu.

The pull of the water near the drop was savage and inescapable.

Suyun düşüşe yakın çekimi vahşi ve kaçınılmazdı.

Thornton knew they could never make the shore in time.

Thornton kıyıya zamanında ulaşamayacaklarını biliyordu.

He scraped over one rock, smashed across a second,

Bir kayanın üzerinden geçti, ikincisine çarptı,

And then he crashed into a third rock, grabbing it with both hands.

Ve sonra üçüncü bir kayaya çarptı ve onu iki eliyle yakaladı.

He let go of Buck and shouted over the roar, "Go, Buck! Go!"

Buck'ı bıraktı ve gürültünün arasından bağırdı: "Hadi, Buck! Hadi!"

Buck could not stay afloat and was swept down by the current.

Buck su üstünde kalmayı başaramadı ve akıntıya kapıldı.

He fought hard, struggling to turn, but made no headway at all.

Çok mücadele etti, dönmek için çabaladı ama hiçbir ilerleme kaydedemedi.

Then he heard Thornton repeat the command over the river's roar.

Sonra Thornton'un nehrin uğultusu arasında emri tekrarladığını duydu.

Buck reared out of the water, raised his head as if for a last look.

Buck sudan çıktı, son bir kez bakmak istercesine başını kaldırdı.

then turned and obeyed, swimming toward the bank with resolve.

Sonra dönüp itaat etti ve kararlılıkla kıyıya doğru yüzdü.

Pete and Hans pulled him ashore at the final possible moment.

Pete ve Hans onu son anda kıyıya çektiler.

They knew Thornton could cling to the rock for only minutes more.

Thornton'un kayaya ancak birkaç dakika daha tutunabileceğini biliyorlardı.

They ran up the bank to a spot far above where he was hanging.

Asılı olduğu yerden çok daha yukarıda bir noktaya kadar koşarak kıyıya çıktılar.

They tied the boat's line to Buck's neck and shoulders carefully.

Teknenin ipini Buck'ın boynuna ve omuzlarına dikkatlice bağladılar.

The rope was snug but loose enough for breathing and movement.

İp sıkıydı ama nefes alıp hareket edebilecek kadar da gevşekti.

Then they launched him into the rushing, deadly river again.

Sonra onu tekrar çağlayan, ölümcül nehre fırlattılar.

Buck swam boldly but missed his angle into the stream's force.

Buck cesurca yüzdü ama akıntının hızına karşı açısını kaçırdı.

He saw too late that he was going to drift past Thornton.
Thornton'u geride bırakacağını çok geç fark etti.
Hans jerked the rope tight, as if Buck were a capsizing boat.
Hans, Buck'ı alabora olmuş bir tekneymiş gibi ipi sertçe çekti.
The current pulled him under, and he vanished below the surface.
Akıntı onu suyun altına çekti ve su altında kayboldu.
His body struck the bank before Hans and Pete pulled him out.
Hans ve Pete onu kurtarana kadar cesedi kıyıya çarptı.
He was half-drowned, and they pounded the water out of him.
Yarı boğulmuş haldeydi, onu suyun dışına kadar dövdüler.
Buck stood, staggered, and collapsed again onto the ground.
Buck ayağa kalktı, sendeledi ve tekrar yere yığıldı.
Then they heard Thornton's voice faintly carried by the wind.
Sonra Thornton'un sesinin rüzgârla hafifçe taşındığını duydular.
Though the words were unclear, they knew he was near death.
Sözcükler belirsiz olsa da onun ölümün eşiğinde olduğunu biliyorlardı.
The sound of Thornton's voice hit Buck like an electric jolt.
Thornton'un sesi Buck'a elektrik şoku gibi çarptı.
He jumped up and ran up the bank, returning to the launch point.
Ayağa fırladı ve koşarak kıyıya çıktı, fırlatma noktasına geri döndü.
Again they tied the rope to Buck, and again he entered the stream.
İpi tekrar Buck'a bağladılar ve tekrar dereye girdi.
This time, he swam directly and firmly into the rushing water.
Bu sefer doğrudan ve kararlı bir şekilde akan suya doğru yüzdü.

Hans let out the rope steadily while Pete kept it from tangling.
Hans ipi yavaşça serbest bırakırken Pete ipin dolaşmasını engelliyordu.

Buck swam hard until he was lined up just above Thornton.
Buck, Thornton'un hemen yukarısında sıralanana kadar hızla yüzdü.

Then he turned and charged down like a train in full speed.
Sonra dönüp tam hızla bir tren gibi aşağıya doğru hücum etti.

Thornton saw him coming, braced, and locked arms around his neck.
Thornton onun geldiğini gördü, kendini hazırladı ve kollarını onun boynuna doladı.

Hans tied the rope fast around a tree as both were pulled under.
Hans ipi sıkıca bir ağaca bağladı ve ikisi de aşağı çekildi.

They tumbled underwater, smashing into rocks and river debris.
Su altına düşüp kayalara ve nehir döküntülerine çarptılar.

One moment Buck was on top, the next Thornton rose gasping.
Bir an Buck zirvedeydi, bir sonraki an Thornton soluk soluğa ayağa kalkıyordu.

Battered and choking, they veered to the bank and safety.
Yıpranmış ve boğulmuş bir halde kıyıya ve güvenliğe doğru yöneldiler.

Thornton regained consciousness, lying across a drift log.
Thornton bilincini yeniden kazandı ve bir kütüğün üzerine uzandı.

Hans and Pete worked him hard to bring back breath and life.
Hans ve Pete, ona nefes ve hayat vermek için çok uğraştılar.

His first thought was for Buck, who lay motionless and limp.
İlk aklına gelen şey hareketsiz ve bitkin yatan Buck oldu.

Nig howled over Buck's body, and Skeet licked his face gently.

Nig, Buck'ın cesedinin başında uluyordu ve Skeet onun yüzünü nazikçe yaladı.

Thornton, sore and bruised, examined Buck with careful hands.

Thornton, yara bere içinde, Buck'ı dikkatle inceledi.

He found three ribs broken, but no deadly wounds in the dog.

Köpeğin üç kaburgasının kırıldığı, ancak ölümcül bir yaraya rastlanmadığı belirtildi.

"That settles it," Thornton said. "We camp here." And they did.

"Bu meseleyi halleder," dedi Thornton. "Burada kamp yapıyoruz." Ve öyle de yaptılar.

They stayed until Buck's ribs healed and he could walk again.

Buck'ın kaburgaları iyileşene ve tekrar yürüyebilene kadar orada kaldılar.

That winter, Buck performed a feat that raised his fame further.

Buck o kış, ününü daha da artıracak bir başarıya imza attı.

It was less heroic than saving Thornton, but just as impressive.

Thornton'u kurtarmak kadar kahramanca değildi ama aynı derecede etkileyiciydi.

At Dawson, the partners needed supplies for a distant journey.

Dawson'da ortakların uzak bir yolculuk için malzemelere ihtiyacı vardı.

They wanted to travel East, into untouched wilderness lands.

Doğuya, el değmemiş vahşi topraklara doğru seyahat etmek istiyorlardı.

Buck's deed in the Eldorado Saloon made that trip possible.

Buck'ın Eldorado Saloon'daki tapusu bu seyahati mümkün kıldı.

It began with men bragging about their dogs over drinks.

Her şey erkeklerin içki içerken köpekleriyle övünmesiyle başladı.

Buck's fame made him the target of challenges and doubt.

Buck'ın şöhreti onu zorlukların ve şüphelerin hedefi haline getirdi.

Thornton, proud and calm, stood firm in defending Buck's name.

Thornton, gururlu ve sakin bir şekilde, Buck'ın adını savunmada kararlı bir duruş sergiledi.

One man said his dog could pull five hundred pounds with ease.

Bir adam köpeğinin 250 kilo ağırlığı rahatlıkla çekebildiğini söyledi.

Another said six hundred, and a third bragged seven hundred.

Bir başkası altı yüz dedi, bir üçüncüsü de yedi yüz diye övündü.

"Pfft!" said John Thornton, "Buck can pull a thousand pound sled."

"Pfft!" dedi John Thornton, "Buck bin kiloluk bir kızak çekebilir."

Matthewson, a Bonanza King, leaned forward and challenged him.

Bonanza Kralı Matthewson öne doğru eğildi ve ona meydan okudu.

"You think he can put that much weight into motion?"

"O kadar ağırlığı harekete geçirebileceğini mi sanıyorsun?"

"And you think he can pull the weight a full hundred yards?"

"Ve sen onun bu yükü yüz metre kadar taşıyabileceğini mi düşünüyorsun?"

Thornton replied coolly, "Yes. Buck is dog enough to do it."

Thornton soğukkanlılıkla cevap verdi, "Evet. Buck bunu yapabilecek kadar köpek."

"He'll put a thousand pounds into motion, and pull it a hundred yards."

"Bin pound ağırlığındaki bir yükü harekete geçirip yüz metre kadar çekecek."

Matthewson smiled slowly and made sure all men heard his words.

Matthewson yavaşça gülümsedi ve sözlerinin herkes tarafından duyulmasını sağladı.

"I've got a thousand dollars that says he can't. There it is."

"Bin dolarım var, ona bunu yapamayacağını söylüyor. İşte burada."

He slammed a sack of gold dust the size of sausage on the bar.

Sosis büyüklüğündeki altın tozu dolu bir keseyi bara sertçe çarptı.

Nobody said a word. The silence grew heavy and tense around them.

Kimse tek kelime etmedi. Sessizlik etraflarında ağır ve gergin bir hal aldı.

Thornton's bluff—if it was one—had been taken seriously.

Thornton'un blöfü -eğer gerçekten blöfse- ciddiye alınmıştı.

He felt heat rise in his face as blood rushed to his cheeks.

Yanaklarına kan hücum ederken yüzünün ısındığını hissetti.

His tongue had gotten ahead of his reason in that moment.

O an aklının önüne dili geçmişti.

He truly didn't know if Buck could move a thousand pounds.

Buck'ın bin poundu kaldırabileceğini gerçekten bilmiyordu.

Half a ton! The size of it alone made his heart feel heavy.

Yarım ton! Sadece büyüklüğü bile kalbini ağırlaştırıyordu.

He had faith in Buck's strength and had thought him capable.

Buck'ın gücüne inanıyordu ve onun yetenekli olduğunu düşünüyordu.

But he had never faced this kind of challenge, not like this.

Ama daha önce hiç böyle bir zorlukla karşılaşmamıştı.

A dozen men watched him quietly, waiting to see what he'd do.

Bir düzine adam sessizce onu izliyor, ne yapacağını bekliyordu.

He didn't have the money—neither did Hans or Pete.

Parası yoktu, Hans'ın ve Pete'in de yoktu.

"I've got a sled outside," said Matthewson coldly and direct.

"Dışarıda bir kızak var," dedi Matthewson soğuk ve net bir şekilde.

"It's loaded with twenty sacks, fifty pounds each, all flour.

"Yirmi çuval dolusu, her biri elli kilo ağırlığında, hepsi un.

So don't let a missing sled be your excuse now," he added.

Bu yüzden kaybolan kızak bahaneniz olmasın" diye ekledi.

Thornton stood silent. He didn't know what words to offer.

Thornton sessiz kaldı. Ne söyleyeceğini bilmiyordu.

He looked around at the faces without seeing them clearly.

Etrafına baktı ama yüzleri net göremedi.

He looked like a man frozen in thought, trying to restart.

Düşüncelere dalmış, yeniden başlamaya çalışan bir adam gibi görünüyordu.

Then he saw Jim O'Brien, a friend from the Mastodon days.

Daha sonra Mastodon günlerinden arkadaşı Jim O'Brien'ı gördü.

That familiar face gave him courage he didn't know he had.

Tanıdık yüz ona bilmediği bir cesaret verdi.

He turned and asked in a low voice, "Can you lend me a thousand?"

Döndü ve alçak sesle sordu: "Bana bin dolar borç verebilir misin?"

"Sure," said O'Brien, dropping a heavy sack by the gold already.

"Elbette," dedi O'Brien, altınların olduğu ağır bir keseyi yere bırakarak.

"But truthfully, John, I don't believe the beast can do this."

"Ama doğrusu John, canavarın bunu yapabileceğine inanmıyorum."

Everyone in the Eldorado Saloon rushed outside to see the event.

Eldorado Saloon'daki herkes etkinliği izlemek için dışarı koştu.

They left tables and drinks, and even the games were paused.

Masalar ve içecekler bırakıldı, hatta oyunlara bile ara verildi.

Dealers and gamblers came to witness the bold wager's end.

Krupiyeler ve kumarbazlar bu cesur bahsin sonuna tanıklık etmek için geldiler.

Hundreds gathered around the sled in the icy open street.

Buzlu açık sokakta kızak etrafında yüzlerce kişi toplanmıştı.

Matthewson's sled stood with a full load of flour sacks.

Matthewson'un kızakları un çuvallarıyla doluydu.

The sled had been sitting for hours in minus temperatures.

Kızak saatlerdir eksi derecelerde bekliyordu.

The sled's runners were frozen tight to the packed-down snow.

Kızakların ayakları sıkıştırılmış karda donmuştu.

Men offered two-to-one odds that Buck could not move the sled.

Erkekler Buck'ın kızak hareket ettiremeyeceğine ikiye bir oranında bahis koydular.

A dispute broke out about what "break out" really meant.

"Kaçmak" ifadesinin gerçekte ne anlama geldiği konusunda bir tartışma çıktı.

O'Brien said Thornton should loosen the sled's frozen base.

O'Brien, Thornton'un kızakların donmuş tabanını gevşetmesi gerektiğini söyledi.

Buck could then "break out" from a solid, motionless start.

Buck daha sonra sağlam ve hareketsiz bir başlangıçtan "sıyrılabilir".

Matthewson argued the dog must break the runners free too.

Matthewson, köpeğin koşucuları da serbest bırakması gerektiğini savundu.

The men who had heard the bet agreed with Matthewson's view.

Bahsi dinleyen adamlar da Matthewson'un görüşüne katılıyorlardı.

With that ruling, the odds jumped to three-to-one against Buck.

Bu kararla birlikte, Buck'ın lehine olan bahis oranı üçe bire çıktı.

No one stepped forward to take the growing three-to-one odds.

Üç-bir oranındaki artış karşısında kimse öne çıkmadı.

Not a single man believed Buck could perform the great feat.

Hiçbir adam Buck'ın bu büyük başarıyı elde edebileceğine inanmıyordu.

Thornton had been rushed into the bet, heavy with doubts.

Thornton, şüphelerle dolu bir şekilde bahse girmişti.

Now he looked at the sled and the ten-dog team beside it.

Şimdi kızak ve yanındaki on köpekli takıma bakıyordu.

Seeing the reality of the task made it seem more impossible.

Görevin gerçekliğini görünce, bunun daha da imkânsız olduğu ortaya çıktı.

Matthewson was full of pride and confidence in that moment.

Matthewson o an gurur ve özgüvenle doluydu.

"Three to one!" he shouted. "I'll bet another thousand, Thornton!

"Üçte bir!" diye bağırdı. "Bin daha bahse girerim, Thornton!

What do you say?" he added, loud enough for all to hear.

"Ne diyorsun?" diye ekledi, herkesin duyabileceği kadar yüksek sesle.

Thornton's face showed his doubts, but his spirit had risen.

Thornton'un yüzünde şüpheler vardı ama morali yükselmişti.

That fighting spirit ignored odds and feared nothing at all.

O mücadeleci ruh, hiçbir şeyden korkmaz, hiçbir zorluğa aldırmazdı.

He called Hans and Pete to bring all their cash to the table.

Hans ve Pete'i çağırıp tüm nakitlerini masaya getirmelerini istedi.

They had little left—only two hundred dollars combined.

Geriye pek az paraları kalmıştı; toplamda sadece iki yüz dolar.

This small sum was their total fortune during hard times.

Bu küçük miktar, zor zamanlarında onların toplam servetiydi.

Still, they laid all of the fortune down against Matthewson's bet.

Yine de Matthewson'ın bahsine karşı tüm servetlerini ortaya koydular.

The ten-dog team was unhitched and moved away from the sled.

On köpekten oluşan takım kızaktan ayrıldı ve uzaklaştı.

Buck was placed in the reins, wearing his familiar harness.

Buck, alışık olduğu koşum takımını takarak dizginlerin başına geçti.

He had caught the energy of the crowd and felt the tension.

Kalabalığın enerjisini yakalamış, gerginliği hissetmişti.

Somehow, he knew he had to do something for John Thornton.

Bir şekilde John Thornton için bir şeyler yapması gerektiğini biliyordu.

People murmured with admiration at the dog's proud figure.

İnsanlar köpeğin gururlu duruşuna hayranlıkla bakıp mırıldanıyorlardı.

He was lean and strong, without a single extra ounce of flesh.

Zayıf ve güçlüydü, vücudunda tek bir gram et yoktu.

His full weight of hundred fifty pounds was all power and endurance.

Yüz elli kilo ağırlığındaki adamın ağırlığı, tamamen güç ve dayanıklılıktan ibaretti.

Buck's coat gleamed like silk, thick with health and strength.

Buck'ın tüyleri ipek gibi parlıyordu, sağlık ve güçle kalınlaşmıştı.

The fur along his neck and shoulders seemed to lift and bristle.

Boynundaki ve omuzlarındaki tüyler diken diken olmuş gibiydi.

His mane moved slightly, each hair alive with his great energy.

Yelesi hafifçe hareket ediyordu, her bir saç teli büyük enerjisiyle canlanıyordu.

His broad chest and strong legs matched his heavy, tough frame.

Geniş göğsü ve güçlü bacakları, iri ve sert yapısına uygundu.

Muscles rippled under his coat, tight and firm as bound iron.

Paltosunun altındaki kaslar gergin ve sıkı bir demir gibi dalgalanıyordu.

Men touched him and swore he was built like a steel machine.

Adamlar ona dokunuyor ve onun çelik bir makine gibi yapıldığına yemin ediyorlardı.

The odds dropped slightly to two to one against the great dog.

Büyük köpeğe karşı bahisler ikiye bire düştü.

A man from the Skookum Benches pushed forward, stuttering.

Skookum Benches'ten bir adam kekeleyerek öne doğru ilerledi.

"Good, sir! I offer eight hundred for him—before the test, sir!"

"İyi, efendim! Ona sekiz yüz teklif ediyorum—sınavdan önce, efendim!"

"Eight hundred, as he stands right now!" the man insisted.

"Şu anki haliyle sekiz yüz!" diye ısrar etti adam.

Thornton stepped forward, smiled, and shook his head calmly.

Thornton öne çıktı, gülümsedi ve sakin bir şekilde başını salladı.

Matthewson quickly stepped in with a warning voice and frown.

Matthewson hemen uyarıcı bir ses tonuyla ve kaşlarını çatarak araya girdi.

"You must step away from him," he said. "Give him space."

"Ondan uzaklaşmalısın," dedi. "Ona alan ver."

The crowd grew silent; only gamblers still offered two to one.

Kalabalık sessizleşti; sadece kumarbazlar hâlâ ikiye bir teklif ediyordu.

Everyone admired Buck's build, but the load looked too great.

Herkes Buck'ın yapısına hayrandı ama yük çok fazlaydı.

Twenty sacks of flour—each fifty pounds in weight—seemed far too much.

Her biri yirmişer kilo ağırlığında olan yirmi çuval un çok fazla görünüyordu.

No one was willing to open their pouch and risk their money.

Hiç kimse kesesini açıp parasını riske atmaya yanaşmıyordu.

Thornton knelt beside Buck and took his head in both hands.

Thornton, Buck'ın yanına diz çöktü ve başını iki elinin arasına aldı.

He pressed his cheek against Buck's and spoke into his ear.

Yanağını Buck'ın yanağına bastırdı ve kulağına konuştu.

There was no playful shaking or whispered loving insults now.

Artık ne şaka yollu tokalaşmalar, ne de fısıldanan sevgi dolu hakaretler vardı.

He only murmured softly, "As much as you love me, Buck."

Sadece yumuşak bir sesle mırıldandı, "Beni sevdiğin kadar, Buck."

Buck let out a quiet whine, his eagerness barely restrained.

Buck sessizce sızlandı, hevesi zar zor kontrol ediliyordu.

The onlookers watched with curiosity as tension filled the air.

İzleyiciler, gerginliğin hakim olduğu olayı merakla izliyordu.

The moment felt almost unreal, like something beyond reason.

O an neredeyse gerçek dışıydı, sanki akıl almaz bir şeydi.

When Thornton stood, Buck gently took his hand in his jaws.

Thornton ayağa kalktığında Buck nazikçe elini çenesine aldı.

He pressed down with his teeth, then let go slowly and gently.

Dişleriyle bastırdı, sonra yavaşça ve nazikçe bıraktı.

It was a silent answer of love, not spoken, but understood.

Bu, söylenmeyen ama anlaşılan sessiz bir sevgi cevabıydı.

Thornton stepped well back from the dog and gave the signal.

Thornton köpekten epeyce uzaklaştı ve işareti verdi.

"Now, Buck," he said, and Buck responded with focused calm.

"Hadi Buck," dedi ve Buck sakin bir şekilde cevap verdi.

Buck tightened the traces, then loosened them by a few inches.

Buck önce telleri sıkılaştırdı, sonra birkaç santim gevşetti.

This was the method he had learned; his way to break the sled.

Bu onun öğrendiği yöntemdi; kızak kırmanın yoluydu.

"Gee!" Thornton shouted, his voice sharp in the heavy silence.

"Vay canına!" diye bağırdı Thornton, sesi yoğun sessizlikte tizdi.

Buck turned to the right and lunged with all of his weight.

Buck sağa döndü ve tüm ağırlığıyla hamle yaptı.

The slack vanished, and Buck's full mass hit the tight traces.

Boşluk kayboldu ve Buck'ın tüm kütlesi sıkı raylara çarptı.

The sled trembled, and the runners made a crisp crackling sound.

Kızak titriyordu, kızaklardan çıtır çıtır sesler geliyordu.

"Haw!" Thornton commanded, shifting Buck's direction again.

"Haw!" diye emretti Thornton, Buck'ın yönünü tekrar değiştirerek.

Buck repeated the move, this time pulling sharply to the left.

Buck hareketi tekrarladı, bu sefer sertçe sola doğru çekti.

The sled cracked louder, the runners snapping and shifting.

Kızak daha da yüksek sesle çatırdadı, kızaklar kırılıp kaydı.

The heavy load slid slightly sideways across the frozen snow.

Ağır yük, donmuş karın üzerinde hafifçe yana doğru kaydı.

The sled had broken free from the grip of the icy trail!

Kızak buzlu patikanın pençesinden kurtulmuştu!

Men held their breath, unaware they were not even breathing.

Adamlar nefeslerini tuttular, nefes almadıklarının farkında bile değillerdi.

"Now, PULL!" Thornton cried out across the frozen silence.

"Şimdi ÇEK!" diye haykırdı Thornton, donmuş sessizliğin içinden.

Thornton's command rang out sharp, like the crack of a whip.

Thornton'un emri kırbaç şaklaması gibi sert bir şekilde çınladı.

Buck hurled himself forward with a fierce and jarring lunge.

Buck sert ve sarsıcı bir hamleyle kendini öne doğru fırlattı.

His whole frame tensed and bunched for the massive strain.

Bütün vücudu, bu büyük gerginlik karşısında gerildi ve buruştu.

Muscles rippled under his fur like serpents coming alive.

Kasları, canlanan yılanlar gibi tüylerinin altında dalgalanıyordu.

His great chest was low, head stretched forward toward the sled.

Geniş göğsü alçaktı, başı kızaklara doğru uzanıyordu.

His paws moved like lightning, claws slicing the frozen ground.

Patileri yıldırım gibi hareket ediyor, pençeleri donmuş toprağı kesiyordu.

Grooves were cut deep as he fought for every inch of traction.

Her bir çekiş gücü için mücadele ederken, oluklar derinleşti.

The sled rocked, trembled, and began a slow, uneasy motion.

Kızak sallandı, titredi ve yavaş, tedirgin bir hareket başladı.

One foot slipped, and a man in the crowd groaned aloud.

Bir ayağı kaydı ve kalabalığın içindeki bir adam yüksek sesle inledi.

Then the sled lunged forward in a jerking, rough movement.

Sonra kızak sarsıntılı, sert bir hareketle öne doğru fırladı.

It didn't stop again—half an inch...an inch...two inches more.

Yine durmadı, yarım santim...bir santim...iki santim daha.

The jerks became smaller as the sled began to gather speed.

Kızak hızlandıkça sarsıntılar azaldı.

Soon Buck was pulling with smooth, even, rolling power.

Çok geçmeden Buck düzgün, eşit ve yuvarlanan bir güçle çekmeye başladı.

Men gasped and finally remembered to breathe again.

Adamlar nefes nefese kaldılar ve sonunda tekrar nefes almayı hatırladılar.

They had not noticed their breath had stopped in awe.

Nefeslerinin hayretten kesildiğini fark etmemişlerdi.

Thornton ran behind, calling out short, cheerful commands.

Thornton arkasından koşup kısa ve neşeli emirler yağdırıyordu.

Ahead was a stack of firewood that marked the distance.

Önümüzde mesafeyi belirleyen bir odun yığını vardı.

As Buck neared the pile, the cheering grew louder and louder.

Buck yığına yaklaştıkça tezahüratlar giderek arttı.

The cheering swelled into a roar as Buck passed the end point.

Buck bitiş noktasını geçtiğinde tezahüratlar bir kükremeye dönüştü.

Men jumped and shouted, even Matthewson broke into a grin.

Adamlar zıplayıp bağırıyorlardı, hatta Matthewson bile sırıtmaya başlamıştı.

Hats flew into the air, mittens were tossed without thought or aim.

Şapkalar havaya uçtu, eldivenler düşüncesizce ve amaçsızca fırlatıldı.

Men grabbed each other and shook hands without knowing who.

Adamlar, kiminle olduklarını bilmeden birbirlerinin elini sıktılar.

The whole crowd buzzed in wild, joyful celebration.

Bütün kalabalık çılgınca, neşeli bir kutlamayla uğulduyordu.

Thornton dropped to his knees beside Buck with trembling hands.

Thornton titreyen elleriyle Buck'ın yanına diz çöktü.

He pressed his head to Buck's and shook him gently back and forth.

Başını Buck'ın başına yasladı ve onu yavaşça ileri geri salladı.

Those who approached heard him curse the dog with quiet love.

Yaklaşanlar onun köpeğe sessizce sevgiyle lanet okuduğunu duydular.

He swore at Buck for a long time—softly, warmly, with emotion.

Uzun süre Buck'a küfür etti; yumuşakça, sıcak bir şekilde, duygu dolu bir şekilde.

"Good, sir! Good, sir!" cried the Skookum Bench king in a rush.

"İyi, efendim! İyi, efendim!" diye bağırdı Skookum Bench kralı aceleyle.

"I'll give you a thousand—no, twelve hundred—for that dog, sir!"

"O köpek için size bin dolar, hayır bin iki yüz dolar veririm, efendim!"

Thornton rose slowly to his feet, his eyes shining with emotion.

Thornton yavaşça ayağa kalktı, gözleri duyguyla parlıyordu.

Tears streamed openly down his cheeks without any shame.

Gözyaşları yanaklarından utanmadan akıyordu.

"Sir," he said to the Skookum Bench king, steady and firm

"Efendim," dedi Skookum Bench kralına, kararlı ve kararlı bir şekilde

"No, sir. You can go to hell, sir. That's my final answer."

"Hayır efendim. Cehenneme gidebilirsiniz efendim. Bu benim son cevabım."

Buck grabbed Thornton's hand gently in his strong jaws.

Buck, Thornton'un elini güçlü çeneleriyle nazikçe kavradı.

Thornton shook him playfully, their bond deep as ever.

Thornton onu şakacı bir şekilde salladı, aralarındaki bağ her zamankinden daha derindi.

The crowd, moved by the moment, stepped back in silence.

O anın heyecanıyla kalabalık sessizce geri çekildi.

From then on, none dared interrupt such sacred affection.

O günden sonra hiç kimse bu kutsal sevgiyi bozmaya cesaret edemedi.

The Sound of the Call
Çağrının Sesi

Buck had earned sixteen hundred dollars in five minutes.
Buck beş dakikada bin altı yüz dolar kazanmıştı.

The money let John Thornton pay off some of his debts.
Bu para John Thornton'un borçlarının bir kısmını ödemesine olanak sağladı.

With the rest of the money he headed East with his partners.
Geriye kalan parayla ortaklarıyla birlikte Doğu'ya doğru yola çıktı.

They sought a fabled lost mine, as old as the country itself.
Ülkenin kendisi kadar eski, efsanevi kayıp bir madeni arıyorlardı.

Many men had looked for the mine, but few had ever found it.
Madeni çok kişi aramıştı ama çok azı bulabilmişti.

More than a few men had vanished during the dangerous quest.
Tehlikeli görev sırasında birkaç adamdan fazlası kaybolmuştu.

This lost mine was wrapped in both mystery and old tragedy.
Bu kayıp maden hem gizemle hem de eski bir trajediyle sarmalanmıştı.

No one knew who the first man to find the mine had been.
Madeni ilk bulan adamın kim olduğu bilinmiyordu.

The oldest stories don't mention anyone by name.
En eski hikâyelerde hiç kimsenin ismi geçmez.

There had always been an ancient ramshackle cabin there.
Orada her zaman eski, harap bir kulübe vardı.

Dying men had sworn there was a mine next to that old cabin.
Ölmekte olan adamlar o eski kulübenin yanında bir maden olduğuna yemin etmişlerdi.

They proved their stories with gold like none found elsewhere.

Hikayelerini başka hiçbir yerde bulunamayacak altınlarla kanıtladılar.

No living soul had ever looted the treasure from that place.
Hiçbir canlı o yerden hazineyi yağmalamamıştı.

The dead were dead, and dead men tell no tales.
Ölüler ölmüştü ve ölü adamlar hikaye anlatmaz.

So Thornton and his friends headed into the East.
Böylece Thornton ve arkadaşları Doğu'ya doğru yola koyuldular.

Pete and Hans joined, bringing Buck and six strong dogs.
Pete ve Hans da Buck ve altı güçlü köpeğiyle birlikte onlara katıldı.

They set off down an unknown trail where others had failed.
Başkalarının başarısız olduğu bilinmeyen bir yola doğru yola koyuldular.

They sledded seventy miles up the frozen Yukon River.
Donmuş Yukon Nehri üzerinde yetmiş mil kızak kaydılar.

They turned left and followed the trail into the Stewart.
Sola dönüp patikayı takip ederek Stewart'a doğru ilerlediler.

They passed the Mayo and McQuestion, pressing farther on.
Mayo ve McQuestion'ı geçip daha da ileriye doğru ilerlediler.

The Stewart shrank into a stream, threading jagged peaks.
Stewart Nehri, engebeli zirveleri aşarak bir dereye dönüştü.

These sharp peaks marked the very spine of the continent.
Bu sivri zirveler kıtanın omurgasını oluşturuyordu.

John Thornton demanded little from men or the wild land.
John Thornton insanlardan veya vahşi topraklardan pek az şey talep ediyordu.

He feared nothing in nature and faced the wild with ease.
Doğada hiçbir şeyden korkmuyordu ve vahşi doğayla rahatlıkla yüzleşiyordu.

With only salt and a rifle, he could travel where he wished.
Sadece tuz ve bir tüfekle istediği yere seyahat edebilirdi.

Like the natives, he hunted food while he journeyed along.
Yerliler gibi o da yolculuğu sırasında yiyecek avlıyordu.

If he caught nothing, he kept going, trusting luck ahead.

Hiçbir şey yakalayamazsa şansına güvenerek yoluna devam ederdi.

On this long journey, meat was the main thing they ate.

Bu uzun yolculukta yedikleri başlıca şey et oldu.

The sled held tools and ammo, but no strict timetable.

Kızakta alet ve mühimmat vardı ama kesin bir zaman çizelgesi yoktu.

Buck loved this wandering; the endless hunt and fishing.

Buck bu gezintileri, bitmek bilmeyen avlanmayı ve balık tutmayı çok seviyordu.

For weeks they were traveling day after steady day.

Haftalardır her gün düzenli olarak yolculuk ediyorlardı.

Other times they made camps and stayed still for weeks.

Bazen kamp kurup haftalarca hareketsiz kalıyorlardı.

The dogs rested while the men dug through frozen dirt.

Adamlar donmuş toprağı kazarken köpekler dinleniyordu.

They warmed pans over fires and searched for hidden gold.

Ateşte tavaları ısıtıp gizli altınları aradılar.

Some days they starved, and some days they had feasts.

Bazı günler aç kalıyorlardı, bazı günler ziyafet çekiyorlardı.

Their meals depended on the game and the luck of the hunt.

Yemekleri avın türüne ve av şansına göre değişiyordu.

When summer came, men and dogs packed loads on their backs.

Yaz gelince adamlar ve köpekler yüklerini sırtlarına yüklerlerdi.

They rafted across blue lakes hidden in mountain forests.

Dağ ormanlarının arasında saklı mavi göllerde rafting yaptılar.

They sailed slim boats on rivers no man had ever mapped.

Daha önce hiç kimsenin haritası çıkaramadığı nehirlerde incecik teknelerle yolculuk yapıyorlardı.

Those boats were built from trees they sawed in the wild.

Bu tekneler, doğada kesilen ağaçlardan yapılmıştı.

The months passed, and they twisted through the wild unknown lands.

Aylar geçti ve onlar bilinmez vahşi topraklarda dolaştılar.

There were no men there, yet old traces hinted that men had been.

Orada hiç erkek yoktu, ama eski izler erkeklerin var olduğunu gösteriyordu.

If the Lost Cabin was real, then others had once come this way.

Kayıp Kulübe gerçek olsaydı, o zaman başkaları da bir zamanlar buradan geçmiş olurdu.

They crossed high passes in blizzards, even during the summer.

Yaz aylarında bile tipide yüksek geçitlerden geçiyorlardı.

They shivered under the midnight sun on bare mountain slopes.

Çıplak dağ yamaçlarında gece yarısı güneşinin altında titriyorlardı.

Between the treeline and the snowfields, they climbed slowly.

Ağaçların arasından ve karlı arazilerden geçerek yavaşça tırmandılar.

In warm valleys, they swatted at clouds of gnats and flies.

Sıcak vadilerde sivrisinek ve sinek sürülerini kovaladılar.

They picked sweet berries near glaciers in full summer bloom.

Yazın tam çiçek açmış buzulların yakınında tatlı meyveler topladılar.

The flowers they found were as lovely as those in the Southland.

Buldukları çiçekler Güney'deki çiçekler kadar güzeldi.

That fall they reached a lonely region filled with silent lakes.

O sonbaharda sessiz göllerle dolu ıssız bir bölgeye ulaştılar.

The land was sad and empty, once alive with birds and beasts.

Bir zamanlar kuşlar ve hayvanlarla dolu olan topraklar hüzünlü ve boştu.

Now there was no life, just the wind and ice forming in pools.

Artık hiçbir hayat yoktu, sadece rüzgar ve göletlerde oluşan buzlar vardı.

Waves lapped against empty shores with a soft, mournful sound.

Dalgalar boş kıyılara yumuşak, hüzünlü bir sesle çarpıyordu.

Another winter came, and they followed faint, old trails again.

Bir kış daha geldi ve yine silik, eski patikaları takip ettiler.

These were the trails of men who had searched long before them.

Bunlar kendilerinden çok önceleri arayan adamların izleriydi.

Once they found a path cut deep into the dark forest.

Bir gün karanlık ormanın derinliklerine doğru uzanan bir patika buldular.

It was an old trail, and they felt the lost cabin was close.

Eski bir patikaydı ve kayıp kulübenin yakında olduğunu düşünüyorlardı.

But the trail led nowhere and faded into the thick woods.

Ama patika hiçbir yere çıkmıyordu ve sık ormanın içinde kayboluyordu.

Whoever made the trail, and why they made it, no one knew.

Bu izi kim yaptı ve neden yaptı, kimse bilmiyordu.

Later, they found the wreck of a lodge hidden among the trees.

Daha sonra ağaçların arasında saklı bir kulübenin enkazını buldular.

Rotting blankets lay scattered where someone once had slept.

Bir zamanlar birinin uyuduğu yerde çürüyen battaniyeler dağılmıştı.

John Thornton found a long-barreled flintlock buried inside.

John Thornton, tüfeğin içinde gömülü uzun namlulu bir çakmaklı tüfek buldu.

He knew this was a Hudson Bay gun from early trading days.

İlk ticaret günlerinden itibaren bunun bir Hudson Körfezi silahı olduğunu biliyordu.

In those days such guns were traded for stacks of beaver skins.

O günlerde bu tür silahlar kunduz derileri ile takas ediliyordu.

That was all — no clue remained of the man who built the lodge.

Hepsi bu kadardı; kulübeyi inşa eden adamdan geriye hiçbir ipucu kalmamıştı.

Spring came again, and they found no sign of the Lost Cabin.

Bahar yine geldi ve Kayıp Kulübe'den hiçbir iz bulamadılar.

Instead they found a broad valley with a shallow stream.

Bunun yerine sığ bir derenin aktığı geniş bir vadi buldular.

Gold lay across the pan bottoms like smooth, yellow butter.

Altın, pürüzsüz, sarı tereyağı gibi tavaların tabanlarına yayılmıştı.

They stopped there and searched no farther for the cabin.

Orada durdular ve kulübeyi daha fazla aramadılar.

Each day they worked and found thousands in gold dust.

Her gün çalışıyorlardı ve binlercesini altın tozu içinde buluyorlardı.

They packed the gold in bags of moose-hide, fifty pounds each.

Altınları, her biri elli kilo ağırlığında geyik derisinden yapılmış torbalara koydular.

The bags were stacked like firewood outside their small lodge.

Çantalar küçük kulübelerinin dışında odun gibi istiflenmişti.

They worked like giants, and the days passed like quick dreams.

Devler gibi çalışıyorlardı, günler de hızlı bir rüya gibi geçiyordu.

They heaped up treasure as the endless days rolled swiftly by.

Sonsuz günler hızla akıp geçerken hazineleri biriktirdiler.

There was little for the dogs to do except haul meat now and then.

Köpeklerin arada sırada et taşımaktan başka yapacak pek bir şeyleri yoktu.

Thornton hunted and killed the game, and Buck lay by the fire.

Thornton avlanıp avlanırken, Buck da ateşin başında yatıyordu.

He spent long hours in silence, lost in thought and memory.

Uzun saatler boyunca sessizlik içinde, düşüncelere ve anılara dalarak vakit geçirdi.

The image of the hairy man came more often into Buck's mind.

Buck'ın aklına daha çok tüylü adam görüntüsü geliyordu.

Now that work was scarce, Buck dreamed while blinking at the fire.

Artık iş sıkıntısı yaşandığından Buck, ateşe bakarak gözlerini kırpıştırırken hayal kuruyordu.

In those dreams, Buck wandered with the man in another world.

Buck o rüyalarda adamla birlikte başka bir dünyada dolaşıyordu.

Fear seemed the strongest feeling in that distant world.

Korku, o uzak dünyadaki en güçlü duygu gibi görünüyordu.

Buck saw the hairy man sleep with his head bowed low.

Buck, tüylü adamın başını öne eğmiş bir şekilde uyuduğunu gördü.

His hands were clasped, and his sleep was restless and broken.

Elleri kenetlenmişti, uykusu huzursuz ve bölünmüştü.

He used to wake with a start and stare fearfully into the dark.

Birdenbire uyanır ve korkuyla karanlığa bakardı.

Then he'd toss more wood onto the fire to keep the flame bright.

Sonra ateşin alevini canlı tutmak için ateşe biraz daha odun atardı.

Sometimes they walked along a beach by a gray, endless sea.

Bazen gri, uçsuz bucaksız bir denizin kıyısındaki kumsalda yürüyorlardı.

The hairy man picked shellfish and ate them as he walked.

Tüylü adam yürürken kabuklu deniz ürünleri topluyor ve yiyordu.

His eyes searched always for hidden dangers in the shadows.

Gözleri daima gölgelerde saklı tehlikeleri arardı.

His legs were always ready to sprint at the first sign of threat.

Tehlikenin ilk belirtisinde bacakları her zaman koşmaya hazırdı.

They crept through the forest, silent and wary, side by side.

Ormanın içinde sessizce ve temkinle yan yana ilerliyorlardı.

Buck followed at his heels, and both of them stayed alert.

Buck da onun peşinden gidiyordu ve ikisi de tetikteydi.

Their ears twitched and moved, their noses sniffed the air.

Kulakları seğiriyor ve hareket ediyor, burunları havayı kokluyordu.

The man could hear and smell the forest as sharply as Buck.

Adam da Buck kadar keskin bir şekilde ormanı duyabiliyor ve koklayabiliyordu.

The hairy man swung through the trees with sudden speed.

Tüylü adam ağaçların arasından ani bir hızla ilerledi.

He leapt from branch to branch, never missing his grip.

Daldan dala atlıyor, hiçbir zaman tutunmayı bırakmıyordu.

He moved as fast above the ground as he did upon it.

Yer üstünde olduğu kadar yukarıda da aynı hızla hareket ediyordu.

Buck remembered long nights beneath the trees, keeping watch.

Buck, ağaçların altında nöbet tutarak geçirdiği uzun geceleri hatırladı.

The man slept roosting in the branches, clinging tight.

Adam dalların arasında tüneyip sıkı sıkıya tutunarak uyuyordu.

This vision of the hairy man was tied closely to the deep call.

Bu tüylü adam vizyonu derin çağrıyla yakından bağlantılıydı.

The call still sounded through the forest with haunting force.

Çağrı, ormanın içinden ürkütücü bir güçle hâlâ duyuluyordu.

The call filled Buck with longing and a restless sense of joy.

Bu çağrı Buck'ı özlemle ve huzursuz bir sevinçle doldurdu.

He felt strange urges and stirrings that he could not name.

Adını koyamadığı garip dürtüler ve kıpırdanmalar hissediyordu.

Sometimes he followed the call deep into the quiet woods.

Bazen çağrıyı ormanın derinliklerine kadar takip ediyordu.

He searched for the calling, barking softly or sharply as he went.

Çağrıyı aradı, giderken yumuşak ya da sert bir şekilde havladı.

He sniffed the moss and black soil where the grasses grew.

Otların yetiştiği yerdeki yosunları ve kara toprağı kokladı.

He snorted with delight at the rich smells of the deep earth.

Derin toprağın zengin kokularını duyunca zevkten burnundan soluyordu.

He crouched for hours behind trunks covered in fungus.

Mantarla kaplı ağaç gövdelerinin arkasında saatlerce çömeldi.

He stayed still, listening wide-eyed to every tiny sound.

O, kıpırdamadan durdu ve kocaman gözlerle her küçük sesi dinledi.

He may have hoped to surprise the thing that gave the call.

Çağrıyı yapanı şaşırtmayı ummuş olabilir.

He did not know why he acted this way—he simply did.

Neden böyle davrandığını bilmiyordu, sadece yapıyordu.

The urges came from deep within, beyond thought or reason.

Bu dürtüler düşüncenin ve mantığın ötesinde, içimizden geliyordu.

Irresistible urges took hold of Buck without warning or reason.

Buck'ın içinde hiçbir uyarı veya sebep olmaksızın karşı konulmaz dürtüler belirdi.

At times he was dozing lazily in camp under the midday heat.

Bazen öğle sıcağında kampta tembel tembel uyukluyordu.

Suddenly, his head lifted and his ears shoot up alert.

Birdenbire başı kalktı ve kulakları irkildi.

Then he sprang up and dash into the wild without pause.

Sonra ayağa fırladı ve hiç duraksamadan vahşi doğaya doğru koştu.

He ran for hours through forest paths and open spaces.

Saatlerce orman yollarında ve açık alanlarda koştu.

He loved to follow dry creek beds and spy on birds in the trees.

Kuru dere yataklarını takip etmeyi ve ağaçlardaki kuşları gözetlemeyi severdi.

He could lie hidden all day, watching partridges strut around.

Bütün gün saklanıp kekliklerin etrafta dolaşmasını izleyebilirdi.

They drummed and marched, unaware of Buck's still presence.

Buck'ın hâlâ orada olduğunun farkında olmadan davul çalıp yürüyüşe geçtiler.

But what he loved most was running at twilight in summer.

Ama en çok sevdiği şey yaz aylarında alacakaranlıkta koşmaktı.

The dim light and sleepy forest sounds filled him with joy.

Loş ışık ve uykulu orman sesleri onu neşeyle doldurdu.

He read the forest signs as clearly as a man reads a book.

Orman işaretlerini bir adamın kitap okuması gibi net bir şekilde okudu.

And he searched always for the strange thing that called him.

Ve o, kendisini çağıran o garip şeyi her zaman aradı.

That calling never stopped—it reached him waking or sleeping.

Bu çağrı hiç durmadı; uyanıkken de uyurken de ona ulaştı.

One night, he woke with a start, eyes sharp and ears high.

Bir gece, gözleri keskin, kulakları dik bir şekilde uyandı.

His nostrils twitched as his mane stood bristling in waves.

Yelesi dalgalar halinde dikilirken burun delikleri seğiriyordu.

From deep in the forest came the sound again, the old call.

Ormanın derinliklerinden o ses tekrar duyuldu, o eski çağrı.

This time the sound rang clearly, a long, haunting, familiar howl.

Bu kez ses net bir şekilde çınladı; uzun, ürkütücü, tanıdık bir uluma.

It was like a husky's cry, but strange and wild in tone.

Bir Sibirya kurdunun çığlığına benziyordu ama tuhaf ve vahşi bir tondaydı.

Buck knew the sound at once—he had heard the exact sound long ago.

Buck sesi hemen tanıdı; aynı sesi çok uzun zaman önce duymuştu.

He leapt through camp and vanished swiftly into the woods.

Kampın arasından atlayıp hızla ormanın derinliklerine doğru kayboldu.

As he neared the sound, he slowed and moved with care.

Sese yaklaştıkça yavaşladı ve dikkatli hareket etti.

Soon he reached a clearing between thick pine trees.

Kısa süre sonra sık çam ağaçlarının arasında bir açıklığa ulaştı.

There, upright on its haunches, sat a tall, lean timber wolf.

Orada, dimdik ayakta duran, uzun boylu, zayıf bir orman kurdu oturuyordu.

The wolf's nose pointed skyward, still echoing the call.

Kurtun burnu göğe doğru bakıyordu, hâlâ çağrıyı
yankılıyordu.

Buck had made no sound, yet the wolf stopped and listened.

Buck hiç ses çıkarmamıştı, ama kurt durup dinledi.

Sensing something, the wolf tensed, searching the darkness.

Bir şey hisseden kurt gerildi, karanlığı taradı.

Buck crept into view, body low, feet quiet on the ground.

Buck, vücudu aşağıda, ayakları yere basar şekilde görüş
alanına girdi.

His tail was straight, his body coiled tight with tension.

Kuyruğu dimdikti, vücudu gerginlikten sıkı sıkıya sarılmıştı.

He showed both threat and a kind of rough friendship.

Hem tehdit hem de bir tür sert dostluk gösteriyordu.

It was the wary greeting shared by beasts of the wild.

Bu, vahşi hayvanların paylaştığı temkinli bir selamlamaydı.

But the wolf turned and fled as soon as it saw Buck.

Ama kurt Buck'ı görünce hemen dönüp kaçtı.

Buck gave chase, leaping wildly, eager to overtake it.

Buck, onu yakalamak için çılgınca sıçrayarak peşinden gitti.

**He followed the wolf into a dry creek blocked by a timber
jam.**

Kurdu, bir odun yığınının tıkadığı kuru bir dereye kadar takip
etti.

Cornered, the wolf spun around and stood its ground.

Köşeye sıkışan kurt, dönüp dikildi.

**The wolf snarled and snapped like a trapped husky dog in a
fight.**

Kurt, kavgada sıkışmış bir Sibirya kurdu gibi hırlayıp
saldırıyordu.

**The wolf's teeth clicked fast, its body bristling with wild
fury.**

Kurt dişlerini hızla tıkırdattı, vücudu vahşi bir öfkeyle diken
diken oldu.

**Buck did not attack but circled the wolf with careful
friendliness.**

Buck saldırmadı ama kurdun etrafını dikkatli ve dostça bir
şekilde çevreledi.

He tried to block his escape by slow, harmless movements.
Yavaş ve zararsız hareketlerle kaçışını engellemeye çalıştı.
The wolf was wary and scared—Buck outweighed him three times.
Kurt tedirgin ve korkmuştu; Buck ondan üç kat daha ağırdı.
The wolf's head barely reached up to Buck's massive shoulder.
Kurtun başı Buck'ın devasa omzuna ancak ulaşıyordu.
Watching for a gap, the wolf bolted and the chase began again.
Bir boşluk arayan kurt hızla kaçtı ve kovalamaca yeniden başladı.
Several times Buck cornered him, and the dance repeated.
Buck onu birkaç kez köşeye sıkıştırdı ve dans tekrarlandı.
The wolf was thin and weak, or Buck could not have caught him.
Kurt zayıf ve güçsüzdü, yoksa Buck onu yakalayamazdı.
Each time Buck drew near, the wolf spun and faced him in fear.
Buck her yaklaştığında kurt korkuyla dönüp ona doğru dönüyordu.
Then at the first chance, he dashed off into the woods once more.
Sonra ilk fırsatta tekrar ormanın derinliklerine doğru koştu.
But Buck did not give up, and finally the wolf came to trust him.
Ama Buck pes etmedi ve sonunda kurt ona güvenmeye başladı.
He sniffed Buck's nose, and the two grew playful and alert.
Buck'ın burnunu kokladı ve ikisi de şakacı ve tetikte bir tavır takındılar.
They played like wild animals, fierce yet shy in their joy.
Vahşi hayvanlar gibi oynuyorlardı, sevinçleri vahşi ama bir o kadar da utangaçtı.
After a while, the wolf trotted off with calm purpose.
Bir süre sonra kurt sakin ve kararlı bir şekilde uzaklaştı.
He clearly showed Buck that he meant to be followed.

Buck'a takip edilmek istediğini açıkça gösterdi.

They ran side by side through the twilight gloom.

Alacakaranlığın karanlığında yan yana koşuyorlardı.

They followed the creek bed up into the rocky gorge.

Dere yatağını takip ederek kayalık geçide doğru ilerlediler.

They crossed a cold divide where the stream had begun.

Derenin başladığı yerde soğuk bir su yolunu geçtiler.

On the far slope they found wide forest and many streams.

Uzak yamaçta geniş bir orman ve birçok dere buldular.

Through this vast land, they ran for hours without stopping.

Bu uçsuz bucaksız topraklarda saatlerce durmadan koştular.

The sun rose higher, the air grew warm, but they ran on.

Güneş yükseliyor, hava ısınıyordu ama onlar koşmaya devam ettiler.

Buck was filled with joy—he knew he was answering his calling.

Buck sevinçle dolmuştu; çağrısına cevap verdiğini biliyordu.

He ran beside his forest brother, closer to the call's source.

Ormandaki kardeşinin yanına, çağrının kaynağına doğru koştu.

Old feelings returned, powerful and hard to ignore.

Eski duygular geri döndü, güçlü ve görmezden gelinmesi zor.

These were the truths behind the memories from his dreams.

Rüyalarındaki anıların ardındaki gerçekler bunlardı.

He had done all this before in a distant and shadowy world.

Bütün bunları daha önce uzak ve karanlık bir dünyada yapmıştı.

Now he did this again, running wild with the open sky above.

Şimdi yine aynısını yaptı, üstündeki açık gökyüzünde çılgınca koşuyordu.

They stopped at a stream to drink from the cold flowing water.

Soğuk akan sudan içmek için bir derenin başında durdular.

As he drank, Buck suddenly remembered John Thornton.

Buck içerken birden John Thornton'ı hatırladı.

He sat down in silence, torn by the pull of loyalty and the calling.

Sadakatin ve çağrının çekimiyle parçalanarak sessizce oturdu.

The wolf trotted on, but came back to urge Buck forward.

Kurt koşmaya devam etti, ama Buck'ı ileri doğru itmek için geri döndü.

He sniffed his nose and tried to coax him with soft gestures.

Burnunu çekti ve yumuşak hareketlerle onu kandırmaya çalıştı.

But Buck turned around and started back the way he came.

Ama Buck arkasını dönüp geldiği yoldan geri yürümeye başladı.

The wolf ran beside him for a long time, whining quietly.

Kurt uzun süre onun yanında koştu, sessizce inledi.

Then he sat down, raised his nose, and let out a long howl.

Sonra oturdu, burnunu kaldırdı ve uzun bir uluma sesi çıkardı.

It was a mournful cry, softening as Buck walked away.

Buck uzaklaştıkça yumuşayan hüzünlü bir çığlıktı.

Buck listened as the sound of the cry faded slowly into the forest silence.

Buck, çığlığın sesinin ormanın sessizliğinde yavaş yavaş kaybolmasını dinledi.

John Thornton was eating dinner when Buck burst into the camp.

Buck kampa daldığında John Thornton akşam yemeğini yiyordu.

Buck leapt upon him wildly, licking, biting, and tumbling him.

Buck vahşice üzerine atıldı, onu yaladı, ısırdı ve devirdi.

He knocked him over, scrambled on top, and kissed his face.

Onu devirdi, üstüne çıktı ve yüzünü öptü.

Thornton called this "playing the general tom-fool" with affection.

Thornton buna sevgiyle "genel aptalı oynamak" adını verdi.

All the while, he cursed Buck gently and shook him back and forth.

Bu arada Buck'a hafifçe küfürler yağdırıyor ve onu ileri geri sallıyordu.

For two whole days and nights, Buck never left the camp once.

İki gün ve iki gece boyunca Buck bir kez bile kamptan ayrılmadı.

He kept close to Thornton and never let him out of his sight.

Thornton'un yanından ayrılmıyor ve onu hiç gözden ayırmıyordu.

He followed him as he worked and watched him while he ate.

Çalışırken onu takip ediyor, yemek yerken onu izliyordu.

He saw Thornton into his blankets at night and out each morning.

Thornton'un geceleri battaniyesine sarındığını ve her sabah dışarı çıktığını görüyordu.

But soon the forest call returned, louder than ever before.

Ama çok geçmeden ormanın çağrısı her zamankinden daha yüksek bir sesle geri döndü.

Buck grew restless again, stirred by thoughts of the wild wolf.

Buck, vahşi kurt düşüncesiyle yeniden huzursuzlanmaya başladı.

He remembered the open land and running side by side.

Açık araziyi ve yan yana koşmayı hatırladı.

He began wandering into the forest once more, alone and alert.

Bir kez daha ormanın içinde yalnız ve uyanık bir şekilde dolaşmaya başladı.

But the wild brother did not return, and the howl was not heard.

Ama vahşi kardeş geri dönmedi ve uluma sesi duyulmadı.

Buck started sleeping outside, staying away for days at a time.

Buck dışarıda uyumaya başladı, günlerce uzak kalıyordu.

Once he crossed the high divide where the creek had begun.

Bir ara derenin başladığı yüksek su yolunu geçti.

He entered the land of dark timber and wide flowing streams.

Koyu ormanların ve geniş akan derelerin ülkesine girdi.

For a week he roamed, searching for signs of the wild brother.

Bir hafta boyunca vahşi kardeşin izlerini aramak için dolaştı.

He killed his own meat and travelled with long, tireless strides.

Kendi etini kesiyor ve uzun, yorulmak bilmez adımlarla ilerliyordu.

He fished for salmon in a wide river that reached the sea.

Denize ulaşan geniş bir nehirde somon balığı avlıyordu.

There, he fought and killed a black bear maddened by bugs.

Burada böceklerden deliye dönmüş bir kara ayıyla dövüşüp onu öldürdü.

The bear had been fishing and ran blindly through the trees.

Ayı balık tutuyordu ve ağaçların arasında kör bir şekilde koşuyordu.

The battle was a fierce one, waking Buck's deep fighting spirit up.

Savaş çok şiddetliydi ve Buck'ın derin mücadele ruhunu uyandırdı.

Two days later, Buck returned to find wolverines at his kill.

İki gün sonra Buck, avının başında kurtlarla karşılaştı.

A dozen of them quarreled over the meat in noisy fury.

On iki kişi et yüzünden gürültülü bir şekilde kavga ettiler.

Buck charged and scattered them like leaves in the wind.

Buck hücum etti ve onları rüzgardaki yapraklar gibi dağıttı.

Two wolves remained behind—silent, lifeless, and unmoving forever.

Geride iki kurt kalmıştı; sessiz, cansız ve sonsuza dek hareketsiz.

The thirst for blood grew stronger than ever.

Kana susamışlık her zamankinden daha da artmıştı.

Buck was a hunter, a killer, feeding off living creatures.

Buck bir avcıydı, bir katildi, canlı yaratıklarla besleniyordu.

He survived alone, relying on his strength and sharp senses.

Tek başına, gücüne ve keskin duyularına güvenerek hayatta kalmayı başardı.

He thrived in the wild, where only the toughest could live.

Sadece en dayanıklıların yaşayabildiği vahşi doğada gelişti.

From this, a great pride rose up and filled Buck's whole being.

Bundan büyük bir gurur yükseldi ve Buck'ın bütün benliğini doldurdu.

His pride showed in his every step, in the ripple of every muscle.

Gururu her adımında, her kasının kıpırtısında belli oluyordu.

His pride was as clear as speech, seen in how he carried himself.

Kendini nasıl taşıdığından gururu açıkça anlaşılıyordu.

Even his thick coat looked more majestic and gleamed brighter.

Kalın tüyleri bile daha görkemli görünüyordu, daha parlak parlıyordu.

Buck could have been mistaken for a giant timber wolf.

Buck, dev bir orman kurduyla karıştırılabilirdi.

Except for brown on his muzzle and spots above his eyes.

Ağzındaki kahverengi ve gözlerinin üstündeki lekeler hariç.

And the white streak of fur that ran down the middle of his chest.

Ve göğsünün ortasından aşağı doğru uzanan beyaz tüyler.

He was even larger than the biggest wolf of that fierce breed.

O vahşi türün en iri kurdundan bile daha büyüktü.

His father, a St. Bernard, gave him size and heavy frame.

Babasının St. Bernard olması ona iri ve ağır bir yapı kazandırmıştı.

His mother, a shepherd, shaped that bulk into wolf-like form.

Annesi çobandı ve bu kütleyi kurt şekline soktu.

He had the long muzzle of a wolf, though heavier and broader.

Kurt ağzına benzeyen uzun bir burnu vardı, ama daha ağır ve genişti.

His head was a wolf's, but built on a massive, majestic scale.
Başı bir kurdunkine benziyordu ama devasa, görkemli bir yapıya sahipti.

Buck's cunning was the cunning of the wolf and of the wild.
Buck'ın kurnazlığı kurt ve vahşinin kurnazlığıydı.

His intelligence came from both the German Shepherd and St. Bernard.
Zekasını hem Alman Kurdu'ndan hem de St. Bernard'dan alıyordu.

All this, plus harsh experience, made him a fearsome creature.
Bütün bunlar, üstüne bir de yaşadığı zorlu deneyimler eklenince, korkutucu bir yaratık haline geldi.

He was as formidable as any beast that roamed the northern wild.
Kuzey vahşi doğasında dolaşan herhangi bir hayvan kadar korkutucuydu.

Living only on meat, Buck reached the full peak of his strength.
Sadece etle beslenen Buck, gücünün zirvesine ulaştı.

He overflowed with power and male force in every fiber of him.
Her zerresinden güç ve erkeklik kuvveti fışkırıyordu.

When Thornton stroked his back, the hairs sparked with energy.
Thornton sırtını okşadığında tüyleri enerjiyle diken diken oldu.

Each hair crackled, charged with the touch of living magnetism.
Her bir saç teli, canlı bir manyetizmanın dokunuşuyla çıtırdadı.

His body and brain were tuned to the finest possible pitch.
Vücudu ve beyni olabilecek en iyi sese ayarlanmıştı.

Every nerve, fiber, and muscle worked in perfect harmony.
Her sinir, her lif, her kas mükemmel bir uyum içinde çalışıyordu.

To any sound or sight needing action, he responded instantly.

Herhangi bir sese veya görüntüye anında tepki veriyordu.

If a husky leaped to attack, Buck could leap twice as fast.

Eğer bir Sibirya kurdu saldırmak için sıçrayacak olsaydı, Buck iki kat daha hızlı sıçrayabilirdi.

He reacted quicker than others could even see or hear.

Başkalarının görüp duyabileceğinden çok daha hızlı tepki veriyordu.

Perception, decision, and action all came in one fluid moment.

Algı, karar ve eylem hepsi aynı akışkan anda gerçekleşti.

In truth, these acts were separate, but too fast to notice.

Gerçekte bu eylemler ayrı ayrıydı ama fark edilemeyecek kadar hızlıydı.

So brief were the gaps between these acts, they seemed as one.

Bu eylemler arasındaki boşluklar o kadar kısaydı ki, sanki tek bir eylemmiş gibi görünüyorlardı.

His muscles and being was like tightly coiled springs.

Kasları ve vücudu sıkıca sarılmış yaylar gibiydi.

His body surged with life, wild and joyful in its power.

Vücudu hayatla dolup taşıyordu, gücü vahşi ve neşeliydi.

At times he felt like the force was going to burst out of him entirely.

Bazen içindeki gücün tamamen patlayıp dışarı çıkacağını hissediyordu.

"Never was there such a dog," Thornton said one quiet day.

"Böyle bir köpek daha önce hiç görülmemişti," dedi Thornton sessiz bir günde.

The partners watched Buck striding proudly from the camp.

Ortaklar, Buck'ın kamp alanından gururla çıkışını izliyorlardı.

"When he was made, he changed what a dog can be," said Pete.

Pete, "O yaratıldığında, bir köpeğin ne olabileceğini değiştirdi" dedi.

"By Jesus! I think so myself," Hans quickly agreed.

"Aman Tanrım! Ben de öyle düşünüyorum," diye hemen kabul etti Hans.

They saw him march off, but not the change that came after.

Onun yürüyüşünü gördüler, ama sonrasında gelen değişimi görmediler.

As soon as he entered the woods, Buck transformed completely.

Buck ormana girdiği anda tamamen değişti.

He no longer marched, but moved like a wild ghost among trees.

Artık yürümüyor, ağaçların arasında vahşi bir hayalet gibi dolaşıyordu.

He became silent, cat-footed, a flicker passing through shadows.

Sessizleşti, kedi ayaklı, gölgelerin arasından geçen bir titreklik oldu.

He used cover with skill, crawling on his belly like a snake.

Yılan gibi karnının üzerinde sürünerek ustalıkla siper aldı.

And like a snake, he could leap forward and strike in silence.

Ve bir yılan gibi öne atılıp sessizce saldırabiliyordu.

He could steal a ptarmigan straight from its hidden nest.

Bir kekliği gizli yuvasından çalabilirdi.

He killed sleeping rabbits without a single sound.

Uyuyan tavşanları tek bir ses çıkarmadan öldürüyordu.

He could catch chipmunks midair as they fled too slowly.

Sincaplar çok yavaş kaçtıklarından onları havada yakalayabiliyordu.

Even fish in pools could not escape his sudden strikes.

Havuzlardaki balıklar bile onun ani saldırılarından kurtulamıyordu.

Not even clever beavers fixing dams were safe from him.

Barajları onaran akıllı kunduzlar bile ondan güvende değildi.

He killed for food, not for fun—but liked his own kills best.

Eğlence için değil, yemek için öldürüyordu; ama kendi öldürdüklerini daha çok seviyordu.

Still, a sly humor ran through some of his silent hunts.

Yine de, sessiz avlarının bazılarında sinsi bir mizah duygusu hakimdi.

He crept up close to squirrels, only to let them escape.

Sincaplara doğru gizlice yaklaştı, ancak kaçmalarına izin verdi.

They were going to flee to the trees, chattering in fearful outrage.

Ağaçlara doğru kaçacaklardı, korkuyla öfkeyle gevezelik ediyorlardı.

As fall came, moose began to appear in greater numbers.

Sonbaharın gelmesiyle birlikte geyikler daha fazla sayıda görünmeye başladı.

They moved slowly into the low valleys to meet the winter.

Kışla buluşmak için yavaş yavaş alçak vadilere doğru ilerlediler.

Buck had already brought down one young, stray calf.

Buck daha önce genç ve başıboş bir buzağıyı düşürmüştü.

But he longed to face larger, more dangerous prey.

Ama daha büyük, daha tehlikeli bir avla karşılaşmayı özlüyordu.

One day on the divide, at the creek's head, he found his chance.

Bir gün, su ayrımında, derenin başında fırsatı buldu.

A herd of twenty moose had crossed from forested lands.

Ormanlık alandan yirmi geyikten oluşan bir sürü gelmişti.

Among them was a mighty bull; the leader of the group.

Bunların arasında grubun lideri olan güçlü bir boğa da vardı.

The bull stood over six feet tall and looked fierce and wild.

Boğanın boyu 1,80 metreden uzundu, vahşi ve vahşi görünüyordu.

He tossed his wide antlers, fourteen points branching outward.

Geniş boynuzlarını savurdu, on dört ucu dışarı doğru dallanıyordu.

The tips of those antlers stretched seven feet across.

Boynuzların uçları yedi metreye kadar uzanıyordu.

His small eyes burned with rage as he spotted Buck nearby.

Yakınlarda Buck'ı görünce küçük gözleri öfkeyle yandı.

He let out a furious roar, trembling with fury and pain.

Öfke ve acıdan titreyerek şiddetli bir kükreme çıkardı.

An arrow-end stuck out near his flank, feathered and sharp.

Yan tarafında tüylü ve sivri bir ok ucu vardı.

This wound helped explain his savage, bitter mood.

Bu yara onun vahşi, acı ruh halini açıklamaya yardımcı oluyordu.

Buck, guided by ancient hunting instinct, made his move.

Buck, kadim avlanma içgüdüsünün yönlendirmesiyle harekete geçti.

He aimed to separate the bull from the rest of the herd.

Boğayı sürüden ayırmayı amaçlıyordu.

This was no easy task—it took speed and fierce cunning.

Bu kolay bir iş değildi; hız ve acımasız bir kurnazlık gerektiriyordu.

He barked and danced near the bull, just out of range.

Boğanın yakınında, ulaşamayacağı bir mesafede havladı ve dans etti.

The moose lunged with huge hooves and deadly antlers.

Geyik, kocaman toynakları ve ölümcül boynuzlarıyla saldırıya geçti.

One blow could have ended Buck's life in a heartbeat.

Tek bir darbe Buck'ın hayatına anında son verebilirdi.

Unable to leave the threat behind, the bull grew mad.

Tehlikeyi geride bırakamayan boğa çılgına döndü.

He charged in fury, but Buck always slipped away.

Öfkeyle hücum etti, ama Buck her seferinde kaçıp gitti.

Buck faked weakness, luring him farther from the herd.

Buck, onu sürüden daha da uzaklaştırmak için zayıflık numarası yaptı.

But young bulls were going to charge back to protect the leader.

Ancak genç boğalar lideri korumak için geri adım atacaklardı.

They forced Buck to retreat and the bull to rejoin the group.

Buck'ı geri çekilmeye ve boğayı da gruba katılmaya zorladılar.

There is a patience in the wild, deep and unstoppable.

Vahşi doğada derin ve durdurulamaz bir sabır vardır.
A spider waits motionless in its web for countless hours.
Bir örümcek, sayısız saatler boyunca ağında hareketsiz bekler.
A snake coils without twitching, and waits till it is time.
Yılan kıpırdamadan kıvrılır, zamanının gelmesini bekler.
A panther lies in ambush, until the moment arrives.
Bir panter pusuda bekler, ta ki o an gelene kadar.
This is the patience of predators who hunt to survive.
Bu, hayatta kalmak için avlanan yırtıcıların sabrıdır.
That same patience burned inside Buck as he stayed close.
Buck ona yakın kaldıkça aynı sabır içinde yanıyordu.
He stayed near the herd, slowing its march and stirring fear.
Sürünün yanında durarak yürüyüşünü yavaşlattı ve korku
yarattı.
He teased the young bulls and harassed the mother cows.
Genç boğaları kızdırıyor, anne inekleri rahatsız ediyordu.
He drove the wounded bull into a deeper, helpless rage.
Yaralı boğayı daha derin, çaresiz bir öfkeye sürükledi.
For half a day, the fight dragged on with no rest at all.
Yarım gün kadar süren mücadele hiç ara vermeden devam
etti.
Buck attacked from every angle, fast and fierce as wind.
Buck her açıdan, rüzgar kadar hızlı ve şiddetli bir şekilde
saldırıyordu.
He kept the bull from resting or hiding with its herd.
Boğanın sürüyle birlikte dinlenmesini veya saklanmasını
engelledi.
Buck wore down the moose's will faster than its body.
Buck geyiğin iradesini vücudundan daha hızlı yıprattı.
The day passed and the sun sank low in the northwest sky.
Gün geçti ve güneş kuzeybatı göğünde alçaktan battı.
The young bulls returned more slowly to help their leader.
Genç boğalar liderlerine yardım etmek için daha yavaş bir
şekilde geri döndüler.
Fall nights had returned, and darkness now lasted six hours.
Sonbahar geceleri geri dönmüştü ve karanlık artık altı saat
sürüyordu.

Winter was pressing them downhill into safer, warmer valleys.

Kış onları daha güvenli ve sıcak vadilere doğru itiyordu.

But still they couldn't escape the hunter that held them back.

Ama yine de onları tutan avcıdan kurtulamadılar.

Only one life was at stake—not the herd's, just their leader's.

Söz konusu olan yalnızca bir hayattı; sürünün değil, liderlerinin hayatı.

That made the threat distant and not their urgent concern.

Bu durum, tehdidin uzakta olduğunu ve acil bir endişe kaynağı olmadığını gösteriyordu.

In time, they accepted this cost and let Buck take the old bull.

Zamanla bu bedeli kabullendiler ve Buck'ın yaşlı boğayı almasına izin verdiler.

As twilight settled in, the old bull stood with his head down.

Alacakaranlık çökerken yaşlı boğa başını öne eğmiş bir şekilde duruyordu.

He watched the herd he had led vanish into the fading light.

Önderlik ettiği sürünün, azalan ışıkta kayboluşunu izledi.

There were cows he had known, calves he had once fathered.

Tanıdığı inekler vardı, bir zamanlar babası olduğu buzağılar.

There were younger bulls he had fought and ruled in past seasons.

Geçmiş sezonlarda dövüştürdüğü ve yönettiği daha genç boğalar da vardı.

He could not follow them—for before him crouched Buck again.

Onları takip edemezdi çünkü Buck yine önünde çömelmişti.

The merciless fanged terror blocked every path he might take.

Acımasız dişli dehşet, onun gidebileceği her yolu kapatıyordu.

The bull weighed more than three hundredweight of dense power.

Boğa üç yüz kilodan daha ağır ve yoğun bir güce sahipti.

He had lived long and fought hard in a world of struggle.

Mücadele dolu bir dünyada uzun yıllar yaşamış ve çok mücadele etmişti.

Yet now, at the end, death came from a beast far beneath him.

Ama şimdi, sonunda, ölüm kendisinden çok daha aşağıda bir canavardan geldi.

Buck's head did not even rise to the bull's huge knuckled knees.

Buck'ın başı boğanın kocaman eklemli dizlerinin hizasına bile gelmiyordu.

From that moment on, Buck stayed with the bull night and day.

O andan itibaren Buck gece gündüz boğanın yanında kaldı.

He never gave him rest, never allowed him to graze or drink.

Ona asla dinlenme fırsatı vermedi, otlamasına veya su içmesine asla izin vermedi.

The bull tried to eat young birch shoots and willow leaves.

Boğa genç huş ağacı sürgünlerini ve söğüt yapraklarını yemeye çalıştı.

But Buck drove him off, always alert and always attacking.

Ama Buck her zaman tetikte ve her zaman saldırgan bir tavırla onu uzaklaştırdı.

Even at trickling streams, Buck blocked every thirsty attempt.

Buck, akan sularda bile her susuz girişimi engelliyordu.

Sometimes, in desperation, the bull fled at full speed.

Bazen boğa çaresizlikten son sürat kaçıyordu.

Buck let him run, loping calmly just behind, never far away.

Buck onun koşmasına izin verdi, sakin bir şekilde hemen arkasından koştu, asla fazla uzaklaşmadı.

When the moose paused, Buck lay down, but stayed ready.

Geyik durduğunda Buck uzandı ama hazır kaldı.

If the bull tried to eat or drink, Buck struck with full fury.

Boğa bir şey yemeye veya içmeye kalktığında Buck tüm öfkesiyle saldırıyordu.

The bull's great head sagged lower under its vast antlers.

Boğanın büyük başı, geniş boynuzlarının altında daha da sarkmıştı.

His pace slowed, the trot became a heavy; a stumbling walk.

Adımları yavaşladı, tırıs ağırlaştı; tökezleyerek yürüdü.

He often stood still with drooped ears and nose to the ground.

Çoğu zaman kulakları düşük, burnu yere değecek şekilde hareketsiz dururdu.

During those moments, Buck took time to drink and rest.

Buck o anlarda içki içip dinlenmeye vakit ayırıyordu.

Tongue out, eyes fixed, Buck sensed the land was changing.

Dilini çıkarıp gözlerini dikerek Buck, arazinin değiştiğini hissetti.

He felt something new moving through the forest and sky.

Ormanda ve gökyüzünde yeni bir şeyin hareket ettiğini hissetti.

As moose returned, so did other creatures of the wild.

Geyiklerin geri dönmesiyle birlikte vahşi doğanın diğer canlıları da geri döndü.

The land felt alive with presence, unseen but strongly known.

Toprak, görünmeyen ama güçlü bir şekilde bilinen bir varlıkla canlanıyordu.

It was not by sound, sight, nor by scent that Buck knew this.

Buck bunu ne sesinden, ne görüntüsünden, ne de kokusundan biliyordu.

A deeper sense told him that new forces were on the move.

Daha derin bir his ona yeni güçlerin harekete geçtiğini söylüyordu.

Strange life stirred through the woods and along the streams.

Ormanda ve dere kenarlarında tuhaf bir canlılık vardı.

He resolved to explore this spirit, after the hunt was complete.

Av tamamlandıktan sonra bu ruhu keşfetmeye karar verdi.

On the fourth day, Buck brought down the moose at last.

Dördüncü gün Buck sonunda geyiği indirmeyi başardı.

He stayed by the kill for a full day and night, feeding and resting.

Bir gün ve bir gece boyunca avının yanında kalıp beslendi ve dinlendi.

He ate, then slept, then ate again, until he was strong and full.

Yedi, sonra uyudu, sonra yine yedi, ta ki güçlenip tok oluncaya kadar.

When he was ready, he turned back toward camp and Thornton.

Hazır olduğunda kampa ve Thornton'a doğru geri döndü.

With steady pace, he began the long return journey home.

Yavaş yavaş evine doğru uzun dönüş yolculuğuna başladı.

He ran in his tireless lope, hour after hour, never once straying.

Yorulmak bilmez koşusuyla saatlerce koştu, bir an bile yoldan sapmadı.

Through unknown lands, he moved straight as a compass needle.

Bilinmeyen diyarlarda pusula ibresi gibi dümdüz ilerledi.

His sense of direction made man and map seem weak by comparison.

Yön duygusu, insan ve haritanın yanında zayıf kalıyordu.

As Buck ran, he felt more strongly the stir in the wild land.

Buck koştukça vahşi topraklardaki hareketliliği daha güçlü hissediyordu.

It was a new kind of life, unlike that of the calm summer months.

Yaz aylarının sakinliğinden farklı, yeni bir hayattı.

This feeling no longer came as a subtle or distant message.

Bu his artık uzaktan gelen, belirsiz bir mesaj olarak gelmiyordu.

Now the birds spoke of this life, and squirrels chattered about it.

Artık kuşlar bu hayattan bahsediyor, sincaplar da onun hakkında gevezelik ediyorlardı.

Even the breeze whispered warnings through the silent trees.

Sessiz ağaçların arasından esen rüzgar bile uyarılar fısıldadı.

Several times he stopped and sniffed the fresh morning air.

Birkaç kez durup temiz sabah havasını içine çekti.

He read a message there that made him leap forward faster.

Orada okuduğu bir mesaj onu daha hızlı ileri atılmaya yöneltti.

A heavy sense of danger filled him, as if something had gone wrong.

Sanki bir şeyler ters gidiyormuş gibi, içini ağır bir tehlike duygusu kapladı.

He feared calamity was coming—or had already come.

Felaketin gelmekte olduğundan veya çoktan geldiğinden korkuyordu.

He crossed the last ridge and entered the valley below.

Son sırtı geçip aşağıdaki vadiye girdi.

He moved more slowly, alert and cautious with every step.

Her adımda daha yavaş, daha dikkatli ve daha temkinli hareket ediyordu.

Three miles out he found a fresh trail that made him stiffen.

Üç mil ötede onu sertleştiren taze bir iz buldu.

The hair along his neck rippled and bristled in alarm.

Boynundaki tüyler telaşla dalgalanıyor ve diken diken oluyordu.

The trail led straight toward the camp where Thornton waited.

Patikalar Thornton'un beklediği kampa doğru uzanıyordu.

Buck moved faster now, his stride both silent and swift.

Buck artık daha hızlı hareket ediyordu, adımları hem sessiz hem de hızlıydı.

His nerves tightened as he read signs others were going to miss.

Başkalarının fark etmeyeceği işaretleri okudukça sinirleri gerilmişti.

Each detail in the trail told a story—except the final piece.

İzdeki her ayrıntı bir hikaye anlatıyordu; son parça hariç.

His nose told him about the life that had passed this way.

Burnu ona buradan geçen hayatı anlatıyordu.

The scent gave him a changing picture as he followed close behind.

Koku, onun hemen arkasından takip ederken ona değişen bir görüntü veriyordu.

But the forest itself had gone quiet; unnaturally still.

Ama ormanın kendisi sessizliğe gömülmüştü; doğal olmayan bir durgunluk.

Birds had vanished, squirrels were hidden, silent and still.

Kuşlar kaybolmuş, sincaplar saklanmış, sessiz ve hareketsizdi.

He saw only one gray squirrel, flat on a dead tree.

Sadece bir tane gri sincap gördü, o da ölü bir ağacın üzerinde yatıyordu.

The squirrel blended in, stiff and motionless like a part of the forest.

Sincap ormanın bir parçası gibi kaskatı ve hareketsiz bir şekilde ortalığa karışmıştı.

Buck moved like a shadow, silent and sure through the trees.

Buck ağaçların arasında bir gölge gibi sessiz ve emin adımlarla hareket ediyordu.

His nose jerked sideways as if pulled by an unseen hand.

Burnu sanki görünmeyen bir el tarafından çekiliyormuş gibi yana doğru fırladı.

He turned and followed the new scent deep into a thicket.

Döndü ve yeni kokuyu çalılığın derinliklerine kadar takip etti.

There he found Nig, lying dead, pierced through by an arrow.

Orada Nig'i bir okla delinmiş halde ölü buldu.

The shaft passed clear through his body, feathers still showing.

Ok, vücudunun içinden geçip gitti, tüyleri hâlâ görünüyordu.

Nig had dragged himself there, but died before reaching help.

Nig kendini oraya sürüklemiş, ancak yardıma yetişemeden ölmüştü.

A hundred yards farther on, Buck found another sled dog.

Yüz metre kadar ötede Buck başka bir kızak köpeği buldu.

It was a dog that Thornton had bought back in Dawson City.

Thornton'un Dawson City'den satın aldığı bir köpekti.

The dog was in a death struggle, thrashing hard on the trail.

Köpek patikada ölüm kalım mücadelesi veriyordu.

Buck passed around him, not stopping, eyes fixed ahead.

Buck durmadan etrafından geçti, gözleri ileriye dikilmişti.

From the direction of the camp came a distant, rhythmic chant.

Kampın olduğu taraftan uzaktan ritmik bir tezahürat duyuluyordu.

Voices rose and fell in a strange, eerie, sing-song tone.

Sesler tuhaf, ürkütücü, şarkı söyler gibi bir tonda yükselip alçalıyordu.

Buck crawled forward to the edge of the clearing in silence.

Buck sessizce açıklığın kenarına doğru süründü.

There he saw Hans lying face-down, pierced with many arrows.

Orada Hans'ı yüzüstü yatarken gördü, vücudu oklarla delinmişti.

His body looked like a porcupine, bristling with feathered shafts.

Vücudu bir kirpiye benziyordu, tüylü oklarla kaplıydı.

At the same moment, Buck looked toward the ruined lodge.

Aynı anda Buck harap olmuş kulübeye doğru baktı.

The sight made the hair rise stiff on his neck and shoulders.

Görüntü, adamın boynundaki ve omuzlarındaki tüylerin diken diken olmasına neden oldu.

A storm of wild rage swept through Buck's whole body.

Buck'ın tüm bedenini vahşi bir öfke fırtınası sardı.

He growled aloud, though he did not know that he had.

Yüksek sesle hırladı, ama bunu yaptığını bilmiyordu.

The sound was raw, filled with terrifying, savage fury.

Sesi çiğdi, dehşet verici, vahşi bir öfkeyle doluydu.

For the last time in his life, Buck lost reason to emotion.

Buck, hayatında son kez aklını duygularına kaptırdı.

It was love for John Thornton that broke his careful control.

John Thornton'a olan aşkı onun dikkatli kontrolünü bozdu.

The Yeehats were dancing around the wrecked spruce lodge.

Yeehatlar harap olmuş ladin kulübesinin etrafında dans ediyorlardı.

Then came a roar—and an unknown beast charged toward them.

Sonra bir kükreme duyuldu ve bilinmeyen bir canavar onlara doğru koştu.

It was Buck; a fury in motion; a living storm of vengeance.

Buck'tı; harekete geçen bir öfke; yaşayan bir intikam fırtınası.

He flung himself into their midst, mad with the need to kill.

Öldürme ihtiyacıyla çılgına dönmüş bir halde kendini onların arasına attı.

He leapt at the first man, the Yeehat chief, and struck true.

İlk adama, Yeehat şefine doğru atıldı ve isabetli vurdu.

His throat was ripped open, and blood spouted in a stream.

Boğazı yarıldı ve kan fışkırdı.

Buck did not stop, but tore the next man's throat with one leap.

Buck durmadı ve tek bir sıçrayışta yanındaki adamın boğazını parçaladı.

He was unstoppable—ripping, slashing, never pausing to rest.

Durdurulamazdı; parçalıyor, kesiyor, asla durup dinlenmiyordu.

He darted and sprang so fast their arrows could not touch him.

Öyle hızlı atıldı ve sıçradı ki, oklar ona dokunamadı.

The Yeehats were caught in their own panic and confusion.

Yeehatlar kendi panik ve karmaşalarının içindeydiler.

Their arrows missed Buck and struck one another instead.

Okları Buck'ı ıskalayıp birbirlerine isabet etti.

One youth threw a spear at Buck and hit another man.

Gençlerden biri Buck'a mızrak fırlattı ve bir başka adama isabet etti.

The spear drove through his chest, the point punching out his back.

Mızrak göğsünü deldi, ucu sırtını deldi.

Terror swept over the Yeehats, and they broke into full retreat.

Yeehatlar'ın üzerine dehşet çöktü ve tam bir geri çekilmeye başladılar.

They screamed of the Evil Spirit and fled into the forest shadows.

Kötü Ruh'tan çığlık atıp ormanın gölgelerine doğru kaçtılar.

Truly, Buck was like a demon as he chased the Yeehats down.

Gerçekten de Buck, Yeehat'ları kovalarken bir iblis gibiydi.

He tore after them through the forest, bringing them down like deer.

Ormanın içinden onların peşine düştü ve onları geyikler gibi yere serdi.

It became a day of fate and terror for the frightened Yeehats.

Korkmuş Yeehatlar için bu bir kader ve dehşet günü haline geldi.

They scattered across the land, fleeing far in every direction.

Ülkenin dört bir yanına dağıldılar, her yöne doğru kaçıp gittiler.

A full week passed before the last survivors met in a valley.

Son kurtulanların bir vadide buluşması tam bir hafta sürdü.

Only then did they count their losses and speak of what happened.

Ancak ondan sonra kayıplarını saydılar ve yaşananları anlattılar.

Buck, after tiring of the chase, returned to the ruined camp.

Buck, kovalamacadan yorulduktan sonra harap olmuş kampa geri döndü.

He found Pete, still in his blankets, killed in the first attack.

Pete'i ilk saldırıda öldürülmüş halde, hâlâ battaniyelerin içinde buldu.

Signs of Thornton's last struggle were marked in the dirt nearby.

Thornton'un son mücadelesinin izleri yakındaki toprakta görülüyordu.

Buck followed every trace, sniffing each mark to a final point.

Buck her izi takip ediyor, her izi son noktasına kadar kokluyordu.

At the edge of a deep pool, he found faithful Skeet, lying still.

Derin bir havuzun kenarında sadık Skeet'i hareketsiz yatarken buldu.

Skeet's head and front paws were in the water, unmoving in death.

Skeet'in başı ve ön pençeleri suyun içindeydi, ölüm anında hareketsizdi.

The pool was muddy and tainted with runoff from the sluice boxes.

Havuz çamurluydu ve su kanallarından gelen sularla kirlenmişti.

Its cloudy surface hid what lay beneath, but Buck knew the truth.

Bulutlu yüzeyi altında ne olduğunu gizliyordu ama Buck gerçeği biliyordu.

He tracked Thornton's scent into the pool—but the scent led nowhere else.

Thornton'un kokusunu havuza kadar takip etti; ancak koku başka hiçbir yere gitmiyordu.

There was no scent leading out—only the silence of deep water.

Dışarıya doğru uzanan bir koku yoktu; sadece derin suların sessizliği vardı.

All day Buck stayed near the pool, pacing the camp in grief.

Buck bütün gün havuzun başında durup keder içinde kampta volta atıyordu.

He wandered restlessly or sat in stillness, lost in heavy thought.

Huzursuzca dolaşıyor ya da ağır düşüncelere dalmış bir şekilde sessizce oturuyordu.

He knew death; the ending of life; the vanishing of all motion.

Ölümü, hayatın sonunu, bütün hareketin yok oluşunu biliyordu.

He understood that John Thornton was gone, never to return.

John Thornton'un gittiğini ve bir daha asla geri dönmeyeceğini anlamıştı.

The loss left an empty space in him that throbbed like hunger.

Bu kayıp, içinde açlık gibi zonklayan bir boşluk bırakmıştı.

But this was a hunger food could not ease, no matter how much he ate.

Ama bu, ne kadar çok yerse yesin, hiçbir şeyin gideremediği bir açlıktı.

At times, as he looked at the dead Yeehats, the pain faded.

Bazen ölü Yeehat'lara baktıkça acısı azalıyordu.

And then a strange pride rose inside him, fierce and complete.

Ve sonra içinde tuhaf bir gurur yükseldi, vahşi ve tam.

He had killed man, the highest and most dangerous game of all.

Bütün avların en yücesi ve en tehlikelisi olan insanı öldürmüştü.

He had killed in defiance of the ancient law of club and fang.

Sopa ve dişle öldürmenin eski yasasını hiçe sayarak öldürmüştü.

Buck sniffed their lifeless bodies, curious and thoughtful.

Buck, meraklı ve düşünceli bir şekilde cansız bedenlerini kokladı.

They had died so easily — much easier than a husky in a fight.

Çok kolay ölmüşlerdi; bir Sibirya kurdunun kavgada ölmesinden çok daha kolay.

Without their weapons, they had no true strength or threat.

Silahları olmadan gerçek bir güçleri veya tehditleri yoktu.

Buck was never going to fear them again, unless they were armed.

Buck, silahlı olmadıkları sürece bir daha asla onlardan korkmayacaktı.

Only when they carried clubs, spears, or arrows he'd beware.

Ancak ellerinde sopa, mızrak veya ok olduğunda dikkatli olurdu.

Night fell, and a full moon rose high above the tops of the trees.

Gece oldu ve dolunay ağaçların tepelerinden oldukça yükseğe çıktı.

The moon's pale light bathed the land in a soft, ghostly glow like day.

Ayın soluk ışığı toprağı gündüz gibi yumuşak, hayaletsi bir parıltıyla yıkıyordu.

As the night deepened, Buck still mourned by the silent pool.

Gece derinleşirken Buck hâlâ sessiz havuzun başında yas tutuyordu.

Then he became aware of a different stirring in the forest.

Sonra ormanda farklı bir kıpırtı olduğunu fark etti.

The stirring was not from the Yeehats, but from something older and deeper.

Bu kıpırtı Yeehat'lardan değil, daha eski ve daha derin bir şeyden kaynaklanıyordu.

He stood up, ears lifted, nose testing the breeze with care.

Ayağa kalktı, kulaklarını dikleştirdi, burnunu dikkatle rüzgara doğru süzdü.

From far away came a faint, sharp yelp that pierced the silence.

Çok uzaklardan, sessizliği delen hafif, keskin bir çığlık duyuldu.

Then a chorus of similar cries followed close behind the first.

Daha sonra ilkinin hemen ardından benzer haykırışlar korosu geldi.

The sound drew nearer, growing louder with each passing moment.

Ses giderek yaklaşıyor, her geçen an daha da yükseliyordu.
Buck knew this cry—it came from that other world in his memory.
Buck bu çığlığı tanıyordu; hafızasındaki o diğer dünyadan geliyordu.
He walked to the center of the open space and listened closely.
Açık alanın ortasına doğru yürüdü ve dikkatle dinledi.
The call rang out, many-noted and more powerful than ever.
Çağrı her zamankinden daha güçlü ve çok sesli bir şekilde yankılandı.
And now, more than ever before, Buck was ready to answer his calling.
Ve şimdi, her zamankinden daha fazla, Buck onun çağrısına cevap vermeye hazırdı.
John Thornton was dead, and no tie to man remained within him.
John Thornton ölmüştü ve içinde insana dair hiçbir bağ kalmamıştı.
Man and all human claims were gone—he was free at last.
İnsan ve insana ait bütün haklar tükenmişti; sonunda özgürdü.
The wolf pack were chasing meat like the Yeehats once had.
Kurt sürüsü, bir zamanlar Yeehat'ların yaptığı gibi et peşindeydi.
They had followed moose down from the timbered lands.
Ormanlık arazilerden geyikleri takip etmişlerdi.
Now, wild and hungry for prey, they crossed into his valley.
Artık vahşileşmiş ve avlanmaya aç bir halde vadisine doğru ilerliyorlardı.
Into the moonlit clearing they came, flowing like silver water.
Ay ışığının aydınlattığı açıklığa gümüş su gibi akarak geldiler.
Buck stood still in the center, motionless and waiting for them.
Buck ortada hareketsiz bir şekilde durmuş onları bekliyordu.

His calm, large presence stunned the pack into a brief silence.

Sakin ve iri duruşu sürüyü kısa bir sessizliğe boğdu.

Then the boldest wolf leapt straight at him without hesitation.

Sonra en cesur kurt hiç tereddüt etmeden onun üzerine atıldı.

Buck struck fast and broke the wolf's neck in a single blow.

Buck hızlı bir hamle yaptı ve tek vuruşta kurdun boynunu kırdı.

He stood motionless again as the dying wolf twisted behind him.

Ölmekte olan kurt arkasında kıvrılırken yine hareketsiz kaldı.

Three more wolves attacked quickly, one after the other.

Üç kurt daha hızla, birbiri ardına saldırıya geçti.

Each retreated bleeding, their throats or shoulders slashed.

Her biri kanlar içinde geri çekildi, boğazları veya omuzları kesilmişti.

That was enough to trigger the whole pack into a wild charge.

Bu, tüm sürünün çılgınca bir saldırıya geçmesi için yeterliydi.

They rushed in together, too eager and crowded to strike well.

Hepsi birden hücuma geçtiler, çok istekli ve kalabalık oldukları için iyi bir vuruş yapamadılar.

Buck's speed and skill allowed him to stay ahead of the attack.

Buck'ın hızı ve becerisi, saldırının önünde kalmasını sağladı.

He spun on his hind legs, snapping and striking in all directions.

Arka ayakları üzerinde dönerek her yöne doğru saldırıyordu.

To the wolves, this seemed like his defense never opened or faltered.

Kurtlara göre bu, onun savunmasının hiç açılmadığı veya tökezlemediği anlamına geliyordu.

He turned and slashed so quickly they could not get behind him.

O kadar hızlı dönüp saldırdı ki, arkasına geçemediler.

Nonetheless, their numbers forced him to give ground and fall back.

Ancak, onların çokluğu onu geri çekilmeye ve teslim olmaya zorladı.

He moved past the pool and down into the rocky creek bed.

Havuzun yanından geçip kayalık dere yatağına doğru ilerledi.

There he came up against a steep bank of gravel and dirt.

Orada çakıl ve topraktan oluşan dik bir yamaçla karşılaştı.

He edged into a corner cut during the miners' old digging.

Madencilerin eski kazıları sırasında bir köşe kesiğine saplandı.

Now, protected on three sides, Buck faced only the front wolf.

Artık üç taraftan korunan Buck, yalnızca öndeki kurtla karşı karşıyaydı.

There, he stood at bay, ready for the next wave of assault.

Orada, bir sonraki saldırı dalgasına hazır bir şekilde bekledi.

Buck held his ground so fiercely that the wolves drew back.

Buck öyle sert bir şekilde direndi ki kurtlar geri çekildi.

After half an hour, they were worn out and visibly defeated.

Yarım saat sonra bitkin ve açıkça yenik düşmüşlerdi.

Their tongues hung out, their white fangs gleamed in moonlight.

Dilleri dışarı sarkmıştı, beyaz dişleri ay ışığında parlıyordu.

Some wolves lay down, heads raised, ears pricked toward Buck.

Bazı kurtlar başlarını kaldırıp kulaklarını Buck'a doğru dikerek yere uzandılar.

Others stood still, alert and watching his every move.

Diğerleri ise hareketsiz, tetikte duruyor ve onun her hareketini izliyorlardı.

A few wandered to the pool and lapped up cold water.

Birkaç kişi havuza doğru yürüyüp soğuk su içti.

Then one long, lean gray wolf crept forward in a gentle way.

Sonra uzun, zayıf bir gri kurt yavaşça öne doğru süründü.

Buck recognized him — it was the wild brother from before.

Buck onu tanıdı; bu, az önceki vahşi kardeşti.

The gray wolf whined softly, and Buck replied with a whine.

Gri kurt yumuşak bir şekilde inledi ve Buck da inleyerek karşılık verdi.

They touched noses, quietly and without threat or fear.

Burunlarını sessizce, tehdit veya korku duymadan birbirine değdirdiler.

Next came an older wolf, gaunt and scarred from many battles.

Sonra, zayıflamış ve birçok savaştan yara almış yaşlı bir kurt geldi.

Buck started to snarl, but paused and sniffed the old wolf's nose.

Buck hırlamaya başladı ama sonra durup yaşlı kurdun burnunu kokladı.

The old one sat down, raised his nose, and howled at the moon.

Yaşlı adam oturdu, burnunu kaldırdı ve aya doğru uludu.

The rest of the pack sat down and joined in the long howl.

Sürünün geri kalanı da oturup uzun ulumaya katıldı.

And now the call came to Buck, unmistakable and strong.

Ve şimdi Buck'a gelen çağrı, açıkça ve güçlü bir şekildeydi.

He sat down, lifted his head, and howled with the others.

Oturdu, başını kaldırdı ve diğerleriyle birlikte haykırdı.

When the howling ended, Buck stepped out of his rocky shelter.

Ulumalar sona erdiğinde Buck kayalık sığınağından dışarı çıktı.

The pack closed in around him, sniffing both kindly and warily.

Sürü etrafını sardı, hem şefkatle hem de tedirginlikle kokluyorlardı.

Then the leaders gave the yelp and dashed off into the forest.

Bunun üzerine liderler çığlık atarak ormana doğru koştular.

The other wolves followed, yelping in chorus, wild and fast in the night.

Diğer kurtlar da onu takip ediyor, gecede çılgınca ve hızlı bir şekilde uluyorlardı.

Buck ran with them, beside his wild brother, howling as he ran.

Buck da vahşi kardeşinin yanında onlarla birlikte koşuyor, koşarken uluyordu.

Here, the story of Buck does well to come to its end.

İşte Buck'ın hikayesinin sonuna gelmek çok güzel.

In the years that followed, the Yeehats noticed strange wolves.

İlerleyen yıllarda Yeehatlar garip kurtların varlığını fark ettiler.

Some had brown on their heads and muzzles, white on the chest.

Bazılarının başlarında ve ağızlarında kahverengi, göğüslerinde beyazlık vardı.

But even more, they feared a ghostly figure among the wolves.

Ama daha da önemlisi kurtların arasında hayaletimsi bir figür olmasından korkuyorlardı.

They spoke in whispers of the Ghost Dog, leader of the pack.

Sürünün lideri Hayalet Köpek'ten fısıltıyla bahsediyorlardı.

This Ghost Dog had more cunning than the boldest Yeehat hunter.

Bu Hayalet Köpek, en cesur Yeehat avcısından bile daha kurnazdı.

The ghost dog stole from camps in deep winter and tore their traps apart.

Hayalet köpek kışın ortasında kamplardan hırsızlık yapıyor ve tuzaklarını parçalıyordu.

The ghost dog killed their dogs and escaped their arrows without a trace.

Hayalet köpek onların köpeklerini öldürmüş ve iz bırakmadan oklarından kurtulmuştur.

Even their bravest warriors feared to face this wild spirit.

En cesur savaşçıları bile bu vahşi ruhla karşılaşmaktan korkuyordu.

No, the tale grows darker still, as the years pass in the wild.
Hayır, yıllar geçtikçe hikaye daha da karanlıklaşıyor.

Some hunters vanish and never return to their distant camps.
Bazı avcılar kaybolur ve bir daha uzaklardaki kamplarına geri dönmezler.

Others are found with their throats torn open, slain in the snow.
Diğerleri ise boğazları yırtılmış, karda öldürülmüş halde bulunuyor.

Around their bodies are tracks — larger than any wolf could make.
Vücutlarının etrafında, herhangi bir kurdun bırakabileceğinden daha büyük izler var.

Each autumn, Yeehats follow the trail of the moose.
Her sonbaharda Yeehat'lar geyiklerin izini sürüyor.

But they avoid one valley with fear carved deep into their hearts.
Ama bir vadiden, yüreklerine derin bir korku kazınarak kaçınıyorlar.

They say the valley is chosen by the Evil Spirit for his home.
Kötü Ruh'un bu vadiyi kendine ev olarak seçtiğini söylüyorlar.

And when the tale is told, some women weep beside the fire.
Ve hikaye anlatılırken bazı kadınlar ateşin başında ağlıyorlar.

But in summer, one visitor comes to that quiet, sacred valley.
Ama yazın, o sessiz, kutsal vadiye bir ziyaretçi gelir.

The Yeehats do not know of him, nor could they understand.
Yeehatlar onu tanımıyor ve anlayamıyorlardı.

The wolf is a great one, coated in glory, like no other of his kind.
Kurt, türünün hiçbir örneğine benzemeyen, ihtişamla kaplı büyük bir kurttur.

He alone crosses from green timber and enters the forest glade.

O, yeşil ormandan tek başına geçip orman açıklığına girer.

There, golden dust from moose-hide sacks seeps into the soil.

Orada geyik derisinden yapılmış çuvallardan çıkan altın rengi tozlar toprağa sızıyor.

Grass and old leaves have hidden the yellow from the sun.

Otlar ve yaşlı yapraklar güneşin sararmasını gizlemiş.

Here, the wolf stands in silence, thinking and remembering.

Kurt burada sessizce duruyor, düşünüyor ve hatırlıyor.

He howls once—long and mournful—before he turns to go.

Gitmek üzere dönmeden önce bir kez uzun ve hüzünlü bir şekilde uluyor.

Yet he is not always alone in the land of cold and snow.

Ama soğuk ve karlı topraklarda her zaman yalnız değildir.

When long winter nights descend on the lower valleys.

Uzun kış geceleri alçak vadilere indiğinde.

When the wolves follow game through moonlight and frost.

Kurtlar ay ışığında ve donda avlarını takip ettiğinde.

Then he runs at the head of the pack, leaping high and wild.

Sonra sürünün başında koşar, yükseklere ve çılgınca sıçrar.

His shape towers over the others, his throat alive with song.

Diğerlerinden çok daha uzun boyluydu, boğazı şarkıyla canlanıyordu.

It is the song of the younger world, the voice of the pack.

Genç dünyanın şarkısıdır, sürünün sesidir.

He sings as he runs—strong, free, and forever wild.

Koşarken şarkı söylüyor; güçlü, özgür ve sonsuza dek vahşi.